プレップ
民法［第5版増補版］

米倉 明

弘文堂

第5版増補版にあたって

　このたび第5版増補版を公にすることにした。第5版1刷の発行日は2018年1月30日で、今日（2024年5月）までに6年を経たことになり、時の経過のはやいことには、ただ驚くばかりである。

　民法典の大改正といえば、何といっても、債権法の大改正を挙げるべきだが、その大改正にしても（終わったのは2017年）、既に7年の月日を経ている。債権法に限ることなく、民法典の他の領域においても（たとえば家族法の領域においても）、たとえ初学者であっても見逃してはいけない大きな変革が進行中なのではないか。世に入門書、教科書を提供しようとする者、さらにはそれらの書物を利用しようとする人々は、できる限り「新しい」情報に触れて、それについて自分なりに考えてみる（古くからある考え方との対比、新しい考え方の長短の指摘を試みる）のがよい勉強になるはずである。

　という次第で、本書（第5版増補版）として特に留意したのは、次の2点である。

　その1は、初学者にとってわかりやすい解説を試みることで、具体例を提示することを通じて、そうしてみた。

　より具体的に述べると以下のとおりである。即ち、民法96条2項（以下、民法の条文を引用する場合には「民法」を省略する）にかかわる「第三者による詐欺」についてのこれまでのわかりにくい解説を、わかりやすさの度をはっきり上げた解説へと切り換えた。これはすぐれた教育方法の紹介というべきで、教育方法の優劣をはっきりさせ（作図の工夫ひとつで、学習効果はガラリと変わる）、

教育方法の改革も教師評価の一大要素としてしかるべきという私見の一環を示してみたものである。実際、96条2項の条文自体、さらにはその解説として提供されてきた文章の難解なことには最たるものがあったのだが（「この上ない悪文」というべきものであった）、やっとそこからの脱出の見込みがついたというべきところまできたのである。これを教育方法の改革といわずして、何をもって「改革」といえようか。

　その2は、夫婦同氏を定める750条の性質決定にかかわる。約80年前、大日本帝国憲法から現行憲法（日本国憲法）へと憲法体制が変わったことから、家制度は廃止された（異説なし。もし家制度が今日まで続いているとすると、被相続人の妻は「常に相続人となる」（890条）ということは誤りで、妻は被相続人の遺産を一切承継できないことになり、一大紛争が起きることになろう。それでよろしいか）。そうであれば、家制度下の婚姻観、婚姻は「家」と「家」との結び付きだという考え方から、今では婚姻は個人同士の純私的な結び付きであるという考え方に変わったのであって、夫婦の氏をどうきめるかは夫婦が相談して、自由にきめればよいことになり、夫婦同氏、夫婦別氏いずれかにきめればよくなったのだ。夫婦別氏を採用した夫婦では、子の氏をどうするかが問題になろうが、戸籍法をしかるべく改正することで対処できよう。そうする覚悟さえつけば、何ら難題ではない。

　民法典の次元で受け止めると、民法の条文には強行規定、任意規定の区別があり、通説によれば、物権法、身分法（相続法を含む）は強行規定、これに対し債権法は任意規定と一応性質決定されている。しかし、これは一応の性質決定であって、債権法にも強行規定があるし、また、時代の変化により変更が生ずることがあったし、これからも変更が生じ得ると説かれている。となると、

750条はその初めは強行規定と解されていたにしても、憲法が変わって（「家」もなくなり）、80年を経て世の人々の意識も大きく変わった今日では、同条は任意規定と解されてよいではないか。私はそもそも家制度廃止の時点から既に任意規定化したというべきなのが、新憲法採用に即した解釈だと思う。憲法学徒、民法学徒いずれにせよ、今日ではもっと強力に、新憲法下では同条は任意規定というほかなく、ひいては選択的夫婦別氏制度が導入されるべきだ、と堂々と主張してしかるべきではないか、と私には思える。

　以上の議論と第5版増補版との関係はどういうことになるかというと、以下のとおりである。本書の目的は民法学（そのうちで主として財産法）入門への導きにあるけれども、民法学の守備範囲は広く、財産法だけを勉強したい（するのだ）といって、ひたすら狭い範囲に閉じこもることは、法律家としての成長という観点からも感心できない。「私は担保物権法はキライで、勉強したくない」、「物権法についても同じだ」等々では、法律家としての成長上、宜しくない。『プレップ民法』の目的は視野の広い法律家の育成にあるはずだと、少なくとも私は理解しており、750条の勉強を機にして、読者が財産法ばかりでなく、より広く、家族法ひいては相続法にまで関心を寄せて、しかるべく自己の見識をもつにいたってほしいものである。民法の入門書というからには、ごく狭く勉強範囲を限って、ひたすらその範囲内での知識の記憶につとめるというのでなく、全く毛色の異なる領域における日本社会での深刻な問題を知り、どう判断するかを考えるというフレッシュな感覚を実感し、刺激を受けることは、法律勉強の一つの道程、視野拡大の一助となる。とりわけ若い人々はこのことを積極的に受け止めてほしいものである。

以上、「その1」「その2」の2点を挙げて、民法初学者を刺激して、その民法学習をよりいっそうたきつけたいというのが、ほかならぬこの増補版のねらいなのである。読者におかれては、どうかこうした挑発に積極反応していただきたい。

　2024年5月中旬

いわき平にて

米 倉　　明

第5版にあたって

　このたび第5版を公にすることにした。第4版を公にしたのが平成17年、同増補版を公にしたのが同21年であるから、怠け者の私にしても、このあたりで改版をしないといけないのではないかという気がしてきたところ、昨年6月に成立した債権法改正により、債権法の面目を一新するような新規定が無視できない数に達するにいたったので、これを機会に本書を全面的に読み直し、解説の修正、解説の追加（他方においてはその削除）をすることにした。こうしてできあがった第5版について、以下のコメントをしておきたい。

　第1に、本書の目的は民法の初学者に対し、「初学者として」知っておいてもらいたい知識、および、同じくわきまえておいてもらいたい民法解釈の常道を、つとめてわかりやすく、具体例に即して提示することである。民法の勉強を志す人々は、まずは本書が提示する知識・常道を身につけたうえで、さらに上のレベルの勉強に進んで欲しい。

　民法の勉強を三段跳になぞらえていえば、本書での勉強はまだホップの段階なのである。読者はどうかそのつもりで本書に接していただきたい。民法に限らず、広く法律の勉強には三段階くらいの段階を、ゆっくりと消化しつつ昇っていくことが必要であり、またそれがベストの勉強方法だと私は思っている。こうしたいわば方法論は初版（昭和61年）以来、私が一貫して維持してきたもので、今回の改版にあたっても、このことに変りはない。

　第2に、本書で引用・解説の対象とする条文は、主として民法典の財産法の条文である。そのうち債権法改正による改正を受けた条文については新条文を対象とし、旧条文については必要に応じて言及するにとどめた。同改正の対象にされなかった条文については、従前どお

りの条文を対象とすることはいうまでもない。

　念のため申しそえておくと、債権法改正による改正を受けた条文にしても、同改正の対象とされなかった条文にしても、本書で取りあげられていない条文が少なからずある（それにしても、前者の条文のうち重要なものはまずは取りあげられている）。これは、上の「第1」でふれた私の勉強方法論に照らして、私が取捨選択した結果なのである。

　第3に、本書の読者としては「初学者」を想定しているとはいえ、あるいはそうであればあるほど、わが国の民法典成立の沿革、同民法典成立にさいしてわが国古来の慣習法に対して払われた考察・検討、同民法典の比較法的位置づけ（日本民法の「日本的特色」とは何か）についてふれておくべきではなかったか、という気がする。せめてわが国の民法典成立の沿革くらいは、年表でも添えて、解説してはどうか、という気が今になってしきりに起きてくる。ここにいたると、そもそも「初学者」とはどういう人々で、そういう人々にはどういうことを教えるべきなのかを改めて考え直さないといくまい。これからの宿題にしておこう。

　ともあれ、今回の新版を公にすることができたのは、ひとえに弘文堂編集部清水千香氏の多大な御尽力による。原稿の整理・浄書・校正・索引作成の各段階で、さらに遡っては債権法改正作業の進捗状況についての情報提供にいたるまで、私は同氏に大きく助けていただいた。ここに厚く謝意を表したい。

　　平成30年元旦

　　　　　　　　　厳冬のいわき平にて

　　　　　　　　　　　　　米　倉　　明

初版「はしがき」

　民法の勉強をこれから新たに始めようとする人々、民法の勉強を1度は始めたものの、難解なために中途で止め、再度試みようと思っている人々、このような人々（以下、初学者という）を本書は読者として予定している。

　民法のような膨大で奥行きの深い領域をひととおりにせよマスターするには、一歩一歩踏みかためていくしかない。とはいっても、初学者にとっては、一歩一歩踏みかためるその前に、せめて財産法だけでも、一応のアウトラインをつかんでおくことが勉強の効果をあげるうえで望ましい、いや、必要ですらある。

　本書の目的は、初学者に対して民法の財産法領域のアウトラインを提供し、将来の勉強の一助とすること、要するに民法＝財産法の入門書たろうとすることである。

　このような本書の目的にかんがみ、執筆にあたっては、次の諸点に留意した。

　まず第1に、とりあげる事項にせよ解説の程度にせよ、欲張らないことにした。従来の「入門書」の中には、往々にして、あれもこれもとりあげ、しかも内容が高度に過ぎ、その結果、初学者の意欲をそぐことはなはだしく（まるで天才のみを読者としているのではないかとすら思えるものがある。どのような教育哲学をとろうと、これでは教育になるまい）、どうみても「入門書」と称するのは適当でない、と評されるものも見受けられる。常々、あれほど「教育」の重要性を唱えておられる著者にして、これはまたどうしたことかといぶかることもないわけではない。本書では、そのような「過ぎたるは及ばざるがごとし」に陥らないよう心がけた。

　第2に、上に述べたことに関連するが、本書は読者による将来の勉

強を予定しているのであって、したがって、あれも書いてない、これにもふれずじまいだ、といわないようにして欲しい。すべてを書くというようなことはできるものではないし、かりにそうするとしたら、もはや「入門書」としては適当ではなくなってしまうのだ。本書は将来の勉強に譲っているところを多くふくむ反面において、初学者にぜひ留意して欲しいことについては、煩をいとわずくり返し述べた。私としては、「ダブッている。」といわれることは承知のうえなのである。

第3に、入門書をめざすからには、たんに知識を提供するにとどまらず、勉強の着眼点および勉強にさいしての心がまえにも説き及び（こうしてこそはじめて、読者にとっていわば「民法が見えてくる」ことになるのだ）、読者の勉強を助け、はげます配慮があってしかるべきであり（このことは民法だけに限られるものではないけれども、だからといって試みてはいけないなどということにはならない）、本書でもそのことに意を用いた。

いやしくも入門書を執筆しようというからには、モンテーニュおよびデカルト、伊藤仁斎、荻生徂徠および本居宣長が、読書の仕方、学問するときの心がまえについて述べていること（モンテーニュにいたっては、司法試験受験者が肝に銘じておくべきことを指摘している）をよくよく吟味したうえで、とるべきものをとってから執筆するくらいでなければ、執筆者として横着ではないかと、私はひそかに思っている。これらの先学――私がいうまでもなく周知のことであろうが――先に挙げた配慮を十分にしておられるのであり（本文中に適宜引用しておいた）、私ももとより及ばずながら、まねをした次第である。

第4に、本書の構成について一言しておく。まず、だれでも思い浮かべやすく、かつ、勉強の素材として適切な、不動産の売買をとりあげ、売買の交渉から契約の成立、その履行終了までに生起する財産法上の問題を、アブノーマルな状況を最大限度にふるい落して、二当事者間だけの、それもいわばノーマルな状況に即して解説する。たとえば、無能力者による取引というような異例なケースは後まわしにして

しまい（実際、このようなところでひっかかって興味を失われたのではあまりにもったいない）、日常普通の取引、いわば本流にいきなりはいろうというわけである（Ⅰ）。次に、売買契約が履行されなかった場合の法的処理（債務不履行による損害賠償、解除など）をとりあげる（Ⅱ）。ノーマル・コースに続いて、いわばアブノーマル・コースにはいるというわけである。そして最後に、以上でとりあげられなかった諸問題、具体的にいうと、権利の主体、意思表示に関する問題、第三者の保護に関する問題および不法行為をとりあげる（Ⅲ）。

　先にも断わったように、説き及んでいないことはいくらもあり、また、Ⅰ～Ⅲの章だてにしろ、さらにそれぞれの中における区分にしろ、叙述のバランスにしろ、体系美を重んずる立場から眺めたならば、満足のいかない箇所も見出されようが、私としては、本書の目的にかんがみて許されることと思っている。

　本書を執筆してみて、次のようなことを痛感した。初学者の知りたいところに先まわりして答え、初学者の心理を的確にとらえ（教師にはおもしろく感ずる事例でも、初学者にはそうでないかも知れない）、適切な素材を配し（法律文献に限らない。小説、随筆等をふくむ）、さらに、教師の抜きがたい習性からか、ともすると解説し過ぎになるのを微妙なところで抑え（寺田寅彦「『手首』の問題」「マーカス・ショーとレビュー式教育」、それぞれ同全集文学篇第3巻・第4巻所収〔岩波書店・昭和60年〕参照。後者は「教へる為めには教へない術が必要である。」と喝破している）、きびきびした文章で、語尾ひとつとっても単調に陥らず、初学者を最後まで引張っていくこと、一言にしていえば、入門書をして読めるもの（readable）とすることがいかにむつかしいか、いかに筆力を要することか。

　以上いろいろ述べたけれども、いうは易く行うは難い。たとえば、解説し過ぎになるのを抑制したとはいうものの、まだまだ解説し過ぎである、もっと省いてよい事項が見出される、といえる反面において、わが国の民法典成立の沿革や比較法的位置づけについて、簡単でよい

からふれておくべきではなかったか、ともあるいはいわれよう。その他、私の力不足のため、本書には不備な点が多々あるのではないかとおそれる。今後、本書をよりよいものに近づけるためにも、どうか多数の方々から御教示を賜わるよう、お願いする次第である。

とにもかくにも本書を公にすることができたのは、ひとえに、弘文堂編集部の丸山邦正氏のたゆみない御鞭撻と御助力による。校正には筑波大学社会科学系専任講師、道垣内弘人氏を煩わした。この場を借りて、お二人に厚く謝意を表する。

　　昭和61年2月20日

　　　　　　　　　　　　　　　　　　　　米　倉　　　明

目　次

第 I 章

売買の交渉から契約の成立、
その履行終了まで

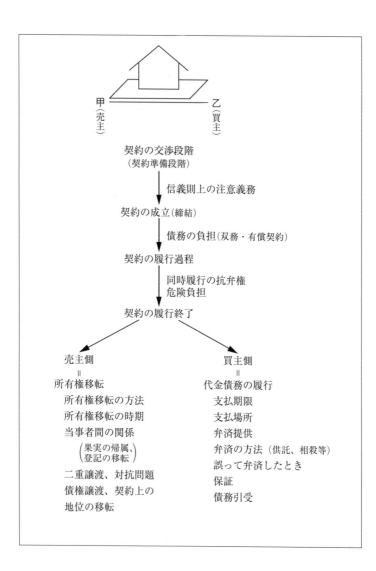

甲（売主） 乙（買主）

契約の交渉段階
（契約準備段階）

↓ 信義則上の注意義務

契約の成立（締結）

↓ 債務の負担（双務・有償契約）

契約の履行過程

↓ 同時履行の抗弁権
　危険負担

契約の履行終了

売主側
＝
所有権移転
　所有権移転の方法
　所有権移転の時期
　当事者間の関係
　　（果実の帰属、
　　　登記の移転）
　二重譲渡、対抗問題
　債権譲渡、契約上の
　　地位の移転

買主側
＝
代金債務の履行
　支払期限
　支払場所
　弁済提供
　弁済の方法（供託、相殺等）
　誤って弁済したとき
　保証
　債務引受

まず、売買契約の交渉段階から始めて、次いで契約が成立し、契約上の義務が履行されて、契約が目的を達成したというコースを──アブノーマルな状況をほとんど省略して──ざっとみることにしよう。ノーマルなコースをまず頭にいれておくことが、これからいろいろのむつかしい問題を考える準備として必要だからである。読者は前頁に掲げる図表を適宜参照しながら、読み進んでいかれたい。

　たとえば、甲所有の建物を乙が取得したいと思ったとする。乙が甲にかけあった結果、意外に取引はすらすらと進んで、甲は売ってもよいといい、売買代金の額、支払の方法（3回払いでもよい等）、支払の場所、建物引渡しの時期などについて両者の一致をみたとしよう。こうなれば、ここにめでたく売買契約が成立したことになる。あとは、甲乙がそれぞれ、この売買契約にもとづく義務（債務）をきちんと履行すべきことになる。そうしないと、やれ債務不履行だとか、損害賠償だとか（いずれ述べる）、といったごたごたが起きるのだ。

　●**交渉段階からして誠意をつくせ**　それはそうだが、そこまでいかなくても、ごたごたは起きるのである。たとえば、乙が甲とかけあったところ、甲としては売る気はないのに、いかにも売ってもいいような応対をしたので、乙としても、これはまず売ってくれるだろうと期待し、その建物を買い入れるための資金を銀行から借用したり、その建物を取得できることを前提にして、改築をすることを企て、請負業者に建築設計の見積りをさせた。甲は、乙がこのような行動に出ようとすることを乙からあらかじめ知らされていながら、それに対してなんらストップをかけることをしないでいた。乙はいよいよ甲が売ってくれるものだと思い、甲に対し売買契約の内容を確定させて欲しいと申し入れたところ、

甲の方からは意外にも、はじめから売る気はなかったのだ、という返事がきた。これに対して乙としては、いかんとも仕方がないのだろうか。

　甲乙間には売買契約は成立していないのだから、乙が甲に対して契約違反をいいたてることはできない。しかし、甲と乙とは何万といる人々の中から、特にこの人というわけでコンタクトをもち、種々交渉を重ね（契約が次第に熟してきていた）、お互いに相手方がどういう目的のもとに行動しているかを知っていたのである。つまり、高速道路を走行中に、偶然接触事故を起こした者同士とはこの点において異なる。甲乙は、そういう者同士よりはいわばもっと深い関係にはいっていたといえよう。それなら、お互いに相手方に損害をこうむらせないように配慮する義務（注意義務）を負うというべきではないか。そして、その義務に反して相手方に損害をこうむらせた者は、その損害を賠償すべきである。だから、先の例でいうと、たとえば、乙が銀行からの融資に対して支払う利息を甲は乙に弁償すべきである。

　このような注意義務を認めた明文の規定があるわけではないが、近時の判例（「判例」というときは、特に断らないかぎり、大審院または最高裁の判例をいうのである）は、契約準備段階における信義則（1条2項）上の注意義務として、このような注意義務を認めており、そのうえで、そのケースの事情から被害者にも損害を受けるについて落度があったと認められる場合には、賠償額をそれだけ減らすことにしている（いわゆる過失相殺——たとえば乙には5割の落度があったと判断して、賠償額を半分に減らすのである。418条・722条2項）。

　甲乙間には売買契約は成立していない、だから甲乙間にはなんらの法律関係も生じない、生じようがない（乙が迷惑を受けても仕

方がない）などといったとしたら、それはおかしいだろう。おかしいと思わなかったら、その人の法的センスがおかしいのだ。それはともかく、契約関係にはいるどころか、その前段階で終わってしまった場合であっても、うっかりしていると訴えられるわけであって、何事にせよ誠意をもって応対していないと、責任をとらされることになるのである。

●契約の成立　さて、甲乙間の交渉がまとまったとしよう。「まとまった」ということは、最小限において、乙が甲所有の建物をたとえば金1000万円で売ってくれと申し込み、これに対し甲が金1000万円で売ってやろうと承諾したことであり（申込みと承諾の合致。売買契約の基本的事項を定めている555条、ほかに522条1項参照。証拠保全のため契約書を作成することが多いが、契約成立のためにはそうする必要は原則的にはない―522条2項）、実際にはこのような申込みと承諾の合致のほかに、先にもふれたように、建物引渡しの時期などについても合意ができたことを意味する（なお契約を締結するしない、および内容決定の原則的自由につき521条参照）。

●契約が成立したら　そこで、売買契約が成立したら、どうなるかであるが、売買契約にもとづく種々の権利義務が発生することになる。はやくいえば、甲としては、売りますといった以上、売らねばならないし（反面からいうと、乙をして「買った」といえる状態におかなければならない）、乙としては、買いますといった以上、買わねばならない（反面からいうと、甲をして「売った」といえる状態におかなければならない）。もっと具体的にいうなら――甲としては、建物を引き渡す、登記移転手続に協力する（不動産登記法60条）などの債務を負い（次頁の図における $p_1 p_2 p_3$ ……参照）、これに対して乙としては、代金を支払うなどの債務

（同じく $q_1 q_2 q_3$……参照）を負う。「などの債務」というと漠然としているが、現実の売買契約においては、種々のとりきめがなされるのであって（たとえば支払の場所をとりきめる）、それらのとりきめから種々の債務が発生するのである。債務が発生すると、次はその履行ということになるが、その段階についての説明にはいるに先立って一、二注意しておこう。

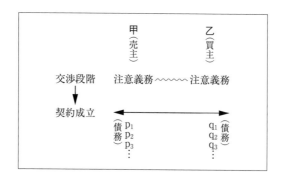

第1に、「売買契約」を勉強するときにまず想定すべきは、これまで挙げてきたような、建物についてのそれとか、あるいは土地についてのそれとか、要するに不動産についてのそれである。われわれが日常ひんぱんに行っているような動産の全額即金払いの売買（パン屋の店頭でパンを買うごとし。現実売買といわれる）を想定するのは適当ではない。なぜかというと、この種の売買においては、契約が成立して債務が発生したとたんに履行されてしまい、目的物がきず物でもない限り、あとに、履行されるべき債務が残らないのであるが（それでは、債務の発生→その履行、を考えるうえでやりにくい）、これに対して、不動産の売買においては、たとえば、多額の売買代金を1度に支払うことはむしろまれであるなど、契約の成立→債務の発生→その履行、を考えやすいからである。

第2に、売買契約においては、売主も買主もそれぞれが債務を負担しており、したがって、それぞれが債権者でもあり、債務者でもあるわけである（売買代金支払に着目すると、売主が債権者で買主が債務者である。目的物の引渡しに着目すると、買主が債権者で売主が債務者である）。しかも、一方の負担している債務が他方の負担している債務の前提となっているのである。具体的にいうなら、甲が建物を引き渡す、登記移転手続に協力するというから（そういう債務を負うので）、乙は乙で売買代金を支払うという（そのような債務を負う）わけである。反面からいうと、乙が売買代金を支払うというから、甲は甲で、それなら、建物を引き渡しもしようし、登記移転手続に協力もしようということになる。

　売買契約においては、当事者がともに債務を負担するばかりでなく、それぞれの債務は相手方の債務負担を前提としている（p_1を負うからq_1を負う、もしp_1が負担されなければq_1も負わない）という関係があるのだ。こういう関係を対価関係という。そうして、売買契約のように、当事者が対価関係に立つ債務を負担する契約を双務契約と呼ぶ（これに対し、贈与契約——この時計をあげよう、もらいます、ととりきめたような場合を想定せよ、549条——のごときを片務契約と呼ぶ。この場合には、もらう側には債務が発生しないのだから、「双務」になりようがない）。売買契約以外にも双務契約はあるけれども（たとえば賃貸借契約）、本書ではほとんど立ち入らない。

　「双務契約」についてふれたついでに、「有償契約」についてもふれておこう。売買契約は有償契約の典型である（それが証拠には559条参照）。有償契約とは、当事者が経済的 出 捐（経済的支出）をする、それも相互に対価関係に立つような経済的出捐をする契約をいう。売買契約についていうと、売主は、結局は目的物の所有権を失うことになるから経済的出捐をするわけであり、しかも

それは、買主側が代金を支払う債務を負う（これもまた経済的出捐である。支払わないと強制的に取り立てられたり、損害賠償という形で結局支払わされたりするのである）からこそ（対価関係）、そうするのだ。買主側からいっても同様である。有償契約としては売買契約のほかにも、たとえば賃貸借契約をあげることができる。有償契約の対概念は無償契約であり、贈与契約がその典型である（549条にも「無償で」とある）。無償契約についての説明は省略する。「双務契約」は債務負担という法形式の側面に着眼しているのに対し、「有償契約」は経済的出捐という実質の側面に着眼しているのである。双務契約は有償契約といってよいが、逆は必ずしも真ではない。

●「分類」に対処するには●　　双務契約か片務契約か、有償契約か無償契約か、という契約の分類については（さらには有償―片務という組合わせといった細かい問題については）、本書では立ち入らない。いずれ契約法の講義に接したとき、これらの分類はどういう観点からなされているのか（何をもって分類の基準とするのか）、分類することの実益はどういうところにあるのか（たとえば「有償」か「無償」かにどういう差異が結びつけられるのか。差異のうちでも、とりわけ551条1項と562条1項・563条1項2項との顕著なコントラストをみよ）に着眼して、よく耳をすましておられればよい。

●どうしても覚えねばならない知識もある●　　ここでふれた契約の分類にしてもそうだが、およそ民法を勉強するからには、どうしても覚えておかねばならない知識というものがある。それを覚えることが苦痛でいやだというなら、専門を変えた方がよい。どだい、そういう知識がなくては、勉強を先に進められないのである。たとえば、双務契約とはこうで、片務契約とはこうで、といえないようでは、契約法の勉強はほとんど進めることができない。こ

ういうことは、民法いや法律を勉強する場合ばかりでなく、他の学問をするときにも出てくることなのであるが、勉強を進めていくうえでの心がまえとして大事なことなので、言っておきたい。「つまり、辛抱してやらなければならないことがあるんです。」というわけなのである（大塚久雄「社会科学を学ぶことの意義について」同『生活の貧しさと心の貧しさ』〔みすず書房・昭和53年〕205頁）。ただ、「どうしても覚える」といっても、文字どおりの丸暗記をせよというのではないし、読者としても、そのようなことをする人はいまい。丸暗記なら小学生に譲った方がいい。私が言いたいのは、先の例でいうと、分類の基準や実益をよくつかまえて覚えて欲しいということであり、そういう覚え方をすると、おのずから覚えてしまうものなのである。

●契約の履行過程　契約にもとづいて債務が発生したからには、債務が履行されなければならない。そうでないと、契約を締結した意味がない。そこで、履行の段階・過程に移ろう。ここに「履行」とは、債務の内容をきちんと実現することで、「弁済」といわれることもあり、以下においては、適宜、いずれのことばをも用いることにする。

●同時履行の抗弁権　さて、先ほどからの例を用いていえば——(a)売主甲が売買の目的物である建物を引き渡す気配を示さないで（退去の用意をなんらしないで）、買主乙に対して売買代金を支払えと請求したらどうだろう。乙にしてみると、それはいささかむしがよすぎる、売買代金を支払えと請求するからには、まず自分（甲）の方のすべきことをきちんとするとか、あるいは、自分の方のすべきことはいつでもきちんとできる段階にまで用意をととのえておくべきだ、そういうことをしないで、相手方（乙）にお前さんの方のすべきことをしてくれ、

と求めても無理だ、それは不公平ではないか、というにちがいない。

(b)逆に、乙が売買代金を支払う用意を全くしないままに、甲に対して、約束どおり建物を引き渡せ、登記移転手続に協力せよ、と請求しても、甲は、それではむしがよすぎる、乙の請求に応じなければならないとしたら不公平だ、というにちがいない。

先にも説明したように、双務契約上の当事者の債務はお互いに対価関係にあるのだから、その一方が履行されなければ、他方も履行されなくてよく、また、その一方が履行されるというのなら、それに応じて、他方も履行されるということになるのが筋である。そうだとすると、(a)の場合における乙は、甲の支払請求を拒絶しえてしかるべきであるし、(b)の場合における甲は、乙の引渡し請求を拒絶しえてしかるべきだということになろう。要するに、相互の債務の履行は同時に（引換えに）やりましょう、というわけである。

533条は、このような拒絶する権利（同時履行の抗弁権）を認めているのである。抗弁権とは、相手方にも権利があることを認めるけれども、こちらにもその権利の貫徹を阻止する理由があるとして、相手方の請求を拒絶する権利である。抗弁権の細かい定義や分類については全部省略し、抗弁権とは拒絶権だとして先へ進もう。

同時履行の抗弁権は、双務契約の当事者間の公平をはかることになるし、また——これも公平をはかることになるといえば、そのようにもいえるのであるが——自分の方だけが債務を履行させられたが、相手方からはその債務を履行してもらえないのでは（相手方が倒産したような場合を考えよ）困るので、同時履行の抗弁権によって、自分の方の債務の履行を手控えて、相手方の債務の履

行をうながすことにする。つまり、同時履行の抗弁権を行使することによって、相手方の債務の履行をそれだけ確実なものにする。このように同時履行の抗弁権を用いることもできる。これを、同時履行の抗弁権の担保的機能とでも呼べばよいであろう。

　同時履行の抗弁権について、数点補足しておこう。

　第1に、この抗弁権を行使して自己の債務の履行を拒絶することは、いわば正当な理由にもとづいて拒絶することであって、拒絶したからといって、債務不履行による責任をとらされることにはならない。たとえば、先ほどの例でいうと、売買代金の支払期日が10月1日になっていたとして、その日に甲が建物引渡しの用意を全くしないままに、売買代金の支払を請求してきたので、乙が同時履行を主張して支払を拒絶したとする。甲としては拒絶されて当然であって、それがために10月1日が経過したからといって、売買代金債務の不履行があったとして、乙に対して損害賠償（いわゆる遅延利息）を請求したり（412条1項・415条・419条）、売買契約を解除したり（541条）することは許されない。

　第2に、建物の所有権が乙に移転していようといまいと、そのことは、同時履行の抗弁権の成立・行使には関係がない。たとえば、代金額のうちのかなりの部分が支払済みで、取引慣行からしても、また、甲乙両者の意思を顧慮しても、建物の所有権は乙に帰属したと解される場合であろうと、代金債務が残っているかぎりは、甲は引渡しを拒絶することができる（もっとも、残存部分があまりにわずかな場合には信義則上拒絶しえないといえよう）。乙が所有者となっているからといって、契約法上のルールを無視することはできないのである。

　第3に、同時履行の抗弁権は533条からも読み取れるように、双務契約が成立し、かつ、それが存続していることを前提にして

（この抗弁権を行使したからといって、契約が失効するわけではない）、契約にもとづき対価関係に立つ債務について、当事者間の公平、担保的機能に着眼して認められているのだが、応用範囲がなかなか広く、民法典じたいによってのみならず（たとえば546条―契約が解除された場合について規定している）、判例（および通説）によって、同時履行の抗弁権が認められる場合がかなりある（たとえば、レシート＝受取証書の交付と債務の弁済とは同時履行の関係に立つとされる―486条参照）。それらの場合には、どういう債務とどういう債務とが引換えの関係に立たされているのか、それはまたどういう趣旨からなのかに注意されたい（レシートの交付と弁済の例でいうと、両者は対価関係に立っているのか、レシートをもらえるから支払うのか、そうではあるまい。各自考えてみられたい）。

　第4に、契約によっては、一方が先履行の義務を負う場合もあり、そのような場合には、先履行の義務を負担した者は同時履行の抗弁権をもたない（533条ただし書）。たとえば、甲が乙を信頼して、建物は先に引き渡します、代金は後払いでけっこうですというような場合がこれにあたる。この場合には、甲は同時履行の抗弁権を放棄した、と端的にいうべきであろう。

●**機能が類似する制度が出てきたら**●　　第5に、同時履行の抗弁権と類似の機能を果たす制度として留置権（295条1項）がある。説が分かれている所有権移転時期の問題には立ち入らず、ここでは、乙の代金債務の弁済期が全額につき到来した時点で、甲が代金の一部を受領しただけで建物の所有権を乙へ移転する旨甲乙間でとりきめ、甲は代金の残額について弁済期を猶予しないことを明言し、乙は約束どおり代金の一部を支払ったとする。こういう場合には、登記も甲から乙へ移されるだろう。それにしても甲は残代金の支払を確実にするために、「その債権の弁済を受けるまで、

その物を留置することができる。」のである。甲としては、乙が全額支払ってくれるまでは——建物は乙の所有に帰しているけれども——引き渡さないというわけである。

　同時履行の抗弁権と留置権との異同については立ち入っている余裕がないので省略し先へ進むことにするが、このように民法典のうえでは編別を異にして規定されている制度であって（一方は債権編に、他方は物権編にというように）、しかし機能上は類似しているものが往々にしてみられる。そういう制度については、自分でひとまとめにしてみて、比較対照を試みることがよい勉強になる。比較対照に終わるところでなく、さらに一歩を進めて、同じような機能を果たす制度なら、要件や効果の側面で、なんとか接近させるような方向での解釈を試みるべきではないか（どちらを用いるかによって大差があってはおかしいから）という問題意識をもつとか、その方向での模索を試みるとかにまでなれば、これはもはやれっきとした研究に足を踏み入れることになる。そこまでいかなくて比較対照するだけでも、民法典の各編にまたがる勉強になり、それだけ視野を拡大してくれるはずである。勉強が進んだ暁には、このような、いわば民法の横断的勉強をぜひ試みて欲しい。

●危険負担　　ところで、甲乙間に建物についての売買契約が成立したけれども、建物の引渡しがされていなかったとする。その間に、建物が所在する市全体が大火によって焼野原と化し、売買の目的物である建物も類焼し全焼してしまった、火を出したのは甲でも乙でもないと仮定しよう。甲は売買代金を請求できるのか、それとも、それはもはやできないのか。建物（いまの設例では価格1000万円）が焼失してしまったのに、なお売買代金を支払わねばならないとしたら、買主は損失をこうむるわけだし、逆に支払わなくてよいというのなら、売主が損失をこうむるわけである。これを危険負担の問題という。その実質は、生じ

た損失を売主・買主のいずれが負担するのが公平妥当かという問題である。

536条1項によれば、危険は売主によって負担されることになる。もっとも、同条項は1度や2度読んだくらいではわかるまい。いささか注釈を加えよう（下図を参照されたい）。

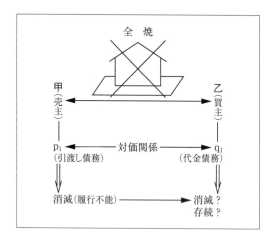

これは建物の売買であるから、特定物に関する物権（その代表は所有権）の移転を双務契約の目的とした場合である。建物のように、その物の個性に着目して取引される物（買主にしてみると、所在場所、広さ、間取り、造作、材質等々を吟味して、この建物ならというので買うのである）を特定物という。それはそうとして、問題は同条項にいう「債権者」とは甲なのか乙なのかである。売買契約は双務契約であるから、いずれも債権者または債務者ではある。そうではあるが、ここでの債権者とは、全焼（滅失）によって履行不能となった債務（上図におけるP₁、引渡し債務）を基準にして、その債務についての債権者つまり乙を指すのである。もはやいうまでもないが、債務者はだれかというと、それは甲である。

ここまでいえば、おそらく了解されるであろう。建物が甲乙双方の「責めに帰することができない事由によって」滅失し引渡し債務が履行不能になったときには、債権者乙は反対給付の履行（代金支払）を拒むことができる。こうして（乙が代金支払を拒むならば）建物滅失による損失は債務者甲が負担することになる。これを危険負担における債務者主義という（注意すべきは、滅失の時点において所有権が甲、乙どちらにあろうとも、危険負担には関係がないことである）。

　債権法改正前では、危険負担については、原則としては債務者主義が採用されていたが、それに対する大きな例外として、特定物に関する物権の設定または移転を目的とした双務契約については債権者主義が採用されていたのを（同改正により削除された534条がそれであった）、同改正は方針を転換し、危険負担については債務者主義に１本化した（それが536条１項であって、534条を前提した535条も削除された）。

　もっとも、536条１項末段では「債権者は、反対給付の履行を拒むことができる」とあるので、債権者は同履行義務を負うのだが、しかしその履行を拒むことはできると受け取ることができ、もしそうであれば、建物滅失による危険は抽象的には債権者（買主）が負っている（つまりは危険負担の債権者主義がなお採られている）ともいえる。しかしそういってみても、実際には履行義務の履行を債権者が拒むケースばかりとなり、債権者は同履行義務を負うのだといってみても、負わないというのと同じことに（債権者主義でなく債務者主義に）帰着するのではあるまいか。この点の理論構成は今後の研究に待つことにしよう。

　以上は甲乙間の建物売買契約成立後で未引渡しの間に、その建物が甲乙双方の帰責事由なくして滅失した場合の話であるが、も

う一歩進んで、引渡し後にその建物が甲乙双方の帰責事由なくして滅失した場合には、乙は契約を解除することができず（さらには損害賠償請求等の債務不履行責任を追及できなくなる）、代金支払を拒むこともできなくなる（危険を負担するのは乙となる。567条1項参照）。甲乙双方に滅失についての帰責事由がない場合でも、乙が滅失前に引渡しを受けていた（建物を支配下におさめていた）となると、滅失による損失の負担は乙とするというのが、一般的には公平・妥当なのではあるまいか。この「引渡し」は「登記移転」でもたりるかどうかについては本書では立ち入らない。

　536条1項について、建物の売買契約以外の契約ではどうなるかにふれておこう。たとえば、建物の賃貸借契約が成立したが、借主が入居しないうちに、建物が貸主、借主いずれにも帰責事由なくして全焼してしまったとする。この場合の債権者とは借主（履行不能となった債務＝入居させる債務に対する債権者）、債務者とは貸主である。そして債権者は反対給付の履行（賃料支払）を拒むことができる（債務者主義―同条項を一読されたい）。実質的に考えてみても、入居させもしないままに家主が賃料をとったり、入居もできないのに賃借人が賃料をとられたりするのは公平・妥当ではなかろう。この場合に債務者主義となるのは是認できるのではあるまいか。

　危険負担については、原則としては債務者主義の方が結果が公平・妥当で、非法律家の意識としても、おそらくそうなのではあるまいか（兼好法師によれば、当時の人々は特定物＝牛の売買についても債務者主義をとっていたようで、『徒然草』第93段はそれを示唆する）。

　なお、本来は債務者主義のカバーするはずの局面であっても、「債権者の責めに帰すべき事由によって」履行不能がもたらされた場合には、債権者主義によって処理されることを付記しておこ

う。この場合の債権者はいわば自業自得であって、債権者主義を適用されて当然である（536条2項前段参照——そうすると、債務者は自己の債務を免れたうえに、債権者から反対給付を受けられるわけでとくをすることになり、その調整が問題になる。これについては同条項後段が用意されているが、ここでは立ち入らない）。

以上をもって「危険負担」を終わる。2点ほど注意しておく。

第1に、債権者主義、債務者主義のいずれが適用されるべき局面であろうと、そこでいう債務者のみに帰責事由があった場合および債権者・債務者双方に帰責事由があった場合には、危険負担は問題にならず（536条1項・2項の要件をみたさないから）、後にふれる債務不履行（91頁以下）が問題になる。これまで問題にしてきた建物＝特定物の売買・全焼の場合について、下に表を掲げて参考に供しよう。

債権者 （乙）	債務者 （甲）	○＝帰責事由　有 ×＝同　　上　　無		
×	×	甲	危険負担	536条1項
○	×	乙	同　上	同条2項
×	○	甲	債務不履行	415条・542条1項1号
○	○	甲	同　上	415条・418条

第2に、甲乙間における建物の売買契約の例で、もしその建物が、契約が締結されるに先立って滅失していたとしたら（たとえば前夜、隣家からの類焼で全焼してしまっていたとする）——契約が成立した時点において目的物が全く存在しないことになる（原始的全部不能）——どうかといえば、危険負担は問題にならず（危険負担は契約成立後に履行が不能になる後発的不能の問題なのである。後発的不能という点では債務不履行と同じである）、債権法改正前は「契約締結上

の過失」として論じられてきたのであるが、同改正により、412条の2が新設され、その第2項により、損害賠償請求が認められることになった。これについては後述するところを参照されたい（98〜99頁）。

●契約の履行終了　契約の履行過程でごたごたもなく、甲乙それぞれが、それぞれの債務をきちんと履行するなら（415条1項にいう「債務の本旨に従った履行」をすることである）、ここに契約は所期の目的を達成して終了するということになる。もっとも、目的物がきず物であったような場合には、問題はなお残るけれども、それはさしあたっては別論としておこう。それでは「履行」（弁済）とはどういうことかについてみていこう。

●買主側の履行　便宜、買主乙の方からみていくと——乙も甲とのとりきめによって種々の債務を負担しているであろうが、乙の債務のうち中心をなすものは、なんといっても代金債務である（555条にも挙げてあるくらいである）。だから、以下では代金債務に焦点をあわせることにした。

乙としては支払期限としてとりきめられた日時に、代金を支払わなければならない。目的物の引渡し（不動産についてはむしろ明渡しという方がぴったりする）につき期限が定められている場合には、代金の支払についても同一の期限が付されているものと推定される（573条）。これは一種の特別規定であるが、一般的には、支払につき確定期限（10月1日というように）が定められていれば、乙としてはその期限に支払わなければならず、その期限に支払わなければ、その期限が到来した時から債務不履行ということになる（412条1項。たとえば損害賠償責任を負うことになる—415条・419条）。期限の定め方にも種々あり、期限を定めない場合もあるわけだが

（わが国ではこれがかなり多い）、それらの場合については立ち入らない（412条2項・3項、なお103〜106頁参照）。

●「推定する」と「みなす」
　の使い分け

573条にふれたので、この機会に、「推定する」と「みなす」についてふれておく。法律用語として比較的多く接するはずだからだ。まず「推定する」とは、推測するということで、その推測は誤っていると主張する側が反証を挙げて、その推測をくつがえすことを認められる。これに対し「みなす」とは、事実と相違していても、そういうことは無視して扱う、擬制することにきめたということであって、それは事実にあわないと主張する側がいくら反証を挙げても（その結果、事実とあわないことが立証されても）くつがえすことは許されないのである（たとえば、不法行為にもとづく損害賠償請求権については、胎児は「既に生まれたものと」みなされるのである―721条）。「推定する」と「みなす」は古くは厳密には使い分けられていなかったけれども、近時は厳密に使い分けられているといってよい。このような法律用語の意味は、先にふれた「どうしても覚えねばならない知識」のひとつである。もっとも、場合によっては、「推定する」が事実上は「みなす」にほとんど等しいことに帰着する。たとえば、数人についての同時死亡の推定をくつがえして、これらの人々が異なる時に死亡したことを立証することはまずはできないので、この推定はむしろ「みなす」といってよいくらいである（32条の2）。

●うその効用●　擬制はうそをつくことだからいけない、などと素朴なことをいってはいけない。望ましい効果を発生させるために必要なら、擬制もしなくてはならないのだ。擬制つまり「みてみぬふり」して気をきかさなければ、この世の中ぎすぎすし過ぎ

て暮しにくい（たとえば、父親が殺された時に胎児であった者は既に生まれている子の資格で損害賠償請求権をもつとされる。そうしないと、この者は生まれてきても父親もなく、父親に扶養もしてもらえず酷だからである—721条・3条1項。養子制度も擬制の産物である。刑事の領域だが、起訴便宜主義なども「みてみぬふり」の好例である—刑事訴訟法248条）。これはいわゆる「うその効用」（末弘博士）というものであって、法律ばかりでなく、広く学問の世界では擬制が多く、またその効用は絶大なのである（ホモ・エコノミックス、社会契約、健康人、位置があって大きさがないと定義されるユークリッド幾何学における点、虚数$\sqrt{-1}$、完全なる剛体、まさつのない面などをみよ。ほかに森鷗外「かのように」をも参照されたい）。

　さて、次に代金の支払場所はどこかであるが、甲乙間のとりきめがあればそれによる。そのとりきめがない場合に備えて、民法としては574条、さらには484条1項（「その他の弁済は債権者の現在の住所において」せよと定めている。これを持参債務の原則と呼ぶ）を用意している。さらに債権法改正により、弁済の時間についても「取引時間内」にせよという条文が新設された（同条2項参照）。これらの条文については、読者みずから一読されたい。

　ところで代金を支払うにあたっては、現実にお金を用意して、「さあ、このとおり約定代金をきっちりもってきました。受け取ってください」と売主に対して提供（弁済提供）しなければならない（これが原則であり、「現実の提供」といい、債務の本旨に従ってせよとされる。例外的に、口頭の提供でたりるとされる場合があるけれども、それについては省略する—493条）。「きっちりもってきました」といっても、よくよく調べてみたら、1000万円の代金のうち1000円不足していたということもあろう。それでも債務不履行だとして（買主がただちに用意してくるからといっているのに）、売主が買主から別

途とっていた担保物について、すぐさま担保権の実行をするというようなことが許されるのかどうかは、契約関係における信義則に照らして判断すべき問題であり、このような例の場合には、一般的には、許されないというべきであろう（1000円分の支払遅滞による損害賠償債務、いわゆる遅延利息はもちろん発生する―419条）。

　弁済提供すると、「債務者は、弁済の提供の時から、債務を履行しないことによって生ずべき責任を免れる。」（492条）のである。たとえば、損害賠償の請求（415条。金銭債務の不履行については遅延利息の請求、419条）をされなくなる。先にもふれた、担保権が実行されることもない。債務不履行だとして、売主から契約を解除される（541条本文）ということもなくなる。それどころでない。買主の方で弁済提供をすることによって、それまで売主側がもっていた同時履行の抗弁権（533条）が失われ、売主としてはみずからの債務を履行せざるをえなくなり、売主がそうしないなら、売主が債務不履行となり、買主から引渡し遅滞による損害賠償を請求されたりするほか、買主から契約を解除されることにもなるのだ（解除には種々の要件がみたされる必要があるが、それをみたしたと前提してのことである）。念のために言うと、弁済提供しても債務そのものは消滅しない。そこで次に述べる供託が問題になる。

　現実の提供にしろ、口頭の提供でたりるとされる場合に口頭の提供をするにしろ、売主が弁済の受領を拒絶したり、受領不能であったり、買主が売主を確知できない場合にどうなるかというと、買主としては代金を供託所に供託して代金債務を免れることになる（494条・495条をぜひ参照されたい。実際には賃料の供託が非常に多い）。つまり、これで買主としては代金を支払ったことになるのであり、買主にしてみると大変便利な制度である。

●信義則の支配 なお、債務の本旨に従って弁済提供せよといわれるが（493条本文）、「債務の本旨」に従ったかどうかは、契約の趣旨、相手方のとった行動、取引慣行等に照らして――結局は信義則に照らして――判断されることになる。明文の規定が用意されていない問題について、信義則を手がかりに解決策を求めることになるのだ。特に相手方がここまでしたのだったら、こちらとしてもそれにあわせて（誠意をつくして）、ここまでの行動はとるべきだった（行動の調整、一種のサイバネティックスか）というように、具体的事情のもとで、相手方の行動との相関関係において判断されるというべきものである。これを一言にしていえば、契約法における信義則の支配ということになる。実際問題になると、かなり微妙な判断を迫られることが多い。

●弁済の方法には種々ある ところで、買主乙は通常は代金をお金（通貨）で支払うであろうし、また、そうすることが代金債務の本旨に従った弁済だというわけであるが、売主甲の承諾さえ得られたなら、乙としては、お金を用意することができないような場合に、甲に対してたとえば乙所有の高級車1台の所有権を移転することによって、代金債務を弁済したことにしてもらうこともできる（代物弁済契約―482条）。この場合には、たんに所有権移転を約束するだけではたりない。同条にも「その弁済者が当該他の給付をした<ruby>と<rt>・</rt></ruby><ruby>き<rt>・</rt></ruby>」と定めてある。だから所有権を移転し、かつ、判例の考え方では原則として引渡しもする必要がある。条文をきちんと読もう。甲は代物弁済を承諾する義務はなく、乙に対して支払請求をして訴訟・強制執行することもできることはもちろんである。

　弁済には債務者が債権者が開設している銀行預金口座に払い込むという方法もある。この場合には、払い込まれた債権者がその

預金債権の債務者（銀行）に対して、払込みに係る金額の払戻しを請求する権利を取得した時に、弁済の効力を生ずる。いわゆる振込みによる弁済とか支払といわれるものがこれである（債権法改正による新設条文、477条参照）。今後は上にいう「債権者が銀行に対して払戻しを請求する権利を取得した時」とはいつなのか、債務者から債権者に「あなたの口座に振り込みました」という通知が到達しただけではたりず、振込みを受けた銀行が債権者の口座に入金した旨の入金の記帳（通帳への記入）を完了した時なのか、それとももっと別の時なのか、細かい議論がされる必要があろう。

あるいは、供託という方法によっても、債務を弁済したことになることについては先にふれた。

あるいはまた、相殺（そうさつではない。心中のことではない）という方法もある。たとえば、甲は乙に対して1000万円の代金債権（A債権）をもっているが、逆に乙は甲に対し1000万円の貸金債権（B債権）をもっているとする。そして、AB両債権ともに弁済期が到来しているとしよう。このような場合に、乙はB債権をもってA債権と相殺する旨を甲に申し入れることによって（506条1項）、現金支払のやりとりを省略して、帳簿上の操作だけでAB両債権を消滅させることができる。乙はこうして代金債務を免れ、反面、B債権も消滅し、甲は貸金債務を免れることになる（505条1項本文）。相殺する側（いまの例では乙）がもっていて、相手方の債権を消滅させることに用いる債権（いまの例ではB債権）を自働債権といい、相殺の対象とされる相手方の債権（いまの例ではA債権）を受働債権という（次頁の図を参照されたい）。「相殺」で注意すべきは、「対当額」で債権が消滅する（505条1項本文）ということである。たとえば、A債権が1000万円でB債権が300万円であれば、乙が相殺しても、A債権は300万円の限度でしか消滅せず、

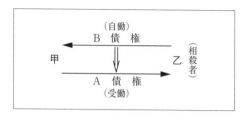

A債権は700万円だけ残り、乙としては、それを現金で弁済しなければならない。

　相殺には決済の簡易化（現金の授受を省き、それは安全でもある）、公平の実現（乙が甲にA債権を現金で1000万円支払った後、逆に乙が甲からB債権の支払を受けようとした時点で甲が無資力になっていると、乙ばかりが損をすることになることを考えてみられたい）という機能がある。他にも「相殺の担保的機能」という銀行法務で大いに活用されている機能もある（511条）。しかし本書でそこまで立ち入るのはむしろ適当でないので、ここで打ち切っておく。

　ただ、「相殺」にふれた機会に、相殺が法律によって禁止される場合があることに注意しておこう。ここではその場合のうち、最もポピュラーな場合の、それも典型的ケースに限ってふれておく。即ち、上図における乙が甲に対してB債権（貸金債権1000万円）を有していたところ、甲がこの弁済を遅滞してらちがあかない。そこで乙が対策を考えた結果、乙がわざと甲を負傷させ、甲はその治療費1000万円を支出せざるをえなくなり、甲から乙に対してこの弁済を請求してきた（乙は不法行為の加害者で甲はその被害者、甲から乙に対して不法行為にもとづく損害賠償債権であるA債権1000万円を行使した—709条）。これを受けた乙は自己のB債権を自働債権、甲のA債権を受働債権として、両債権を相殺により消滅させ、こうして乙は甲に対する貸金債権の回収をしたのと同じ結果をもた

らすことになった。しかし、一見したところ巧妙にみえるこの相殺は法律が禁止しているところであって、乙が上のような相殺をしても、その相殺は無効で、乙は甲に対して、A債権の弁済として現金で支払わねばならないのである（509条1号参照。乙のB債権はそのまま存続して、最終的には乙は甲を被告にして貸金返還訴訟をするしかない）。

　509条が相殺を禁止している目的については、「薬代は現金で」とか、自力救済（実力行使、上の例ではまさに乙はわざと甲を負傷させたのだからこれにあたる）の誘発防止とかが挙げられてきたが、被害者甲が財産を有して薬代に困らない者であれば、前者の目的はあてはまらないことになるから、後者の目的こそがまさに本命の目的なのであろう。こうして自力救済の誘発防止が相殺禁止の目的だとすると、この目的に即して相殺を禁止することにするべきだということになっていくのが自然の流れであろう。

　そこで、乙が不法行為をしてA債権を発生させたといっても、乙の過失（709条参照）によって発生させたのではなく、乙の悪意による不法行為にもとづくA債権発生の場合に限って、相殺が禁止されると解すべきだということになる（509条1号参照）。「悪意」と「故意」（709条参照）とは異なるのか、どう異なるのか、おそらく、不法行為を故意にするだけでなく、自力救済をすることの方に重点を置いて不法行為をすることに踏み切った、そこまでの（国家の法秩序に対する挑戦をあらわにした意図のもとでの）相殺がいけないというのであろう。しかし、「悪意」という要件は債権法改正の結果付加されたもので、これからの判例・学説による議論の深化に待つところが大きい。

　同改正前の条文であれ同改正後の条文であれ、同条は自力救済禁止という、わが国が法治国家であることを間接的に表現してい

る条文でもある。本書ではこれだけを述べて打ち切っておく（他に自力救済禁止を表現している条文には、202条2項（悪しき秩序も秩序は秩序として尊重）、354条・414条・497条（いずれも「裁判所」とある）。これらは勝手に実力行使することは許されない（「仇討」「私裁」はいけない、福沢諭吉『学問のすゝめ』〔岩波文庫〕56〜59頁）ということを述べているのである）。

　弁済の方法といえば、「第三者の弁済」という方法もある。たとえば、買主乙が代金1000万円を弁済できなくて困っているときに、友人丙が、それなら自分が乙に代わって支払ってやろうといってくれて、乙としても、そうしてくれたらありがたいというので、丙が売主甲に対して、乙の代金債務を代わって弁済した。そして、甲としても、丙が乙の委託を受けて弁済することを知っていたとする。このような場合を第三者の弁済という（474条2項・3項参照）。第三者の弁済によっても、特に代金債務のような金銭債務については、だれが弁済したところで債務の性質が変わるとか、おかしいとかいうことはないのだから、債務（乙が甲に対して負っていた代金債務）は消滅する（同条1項）。

　しかし、これ以後は、甲が乙に対して代金の支払を請求しえなくなるだけのことで、今度は、丙が乙に対して、本来お前さんの債務なのを代わって弁済してあげたのだから（乙は不当利得をしていることになる―704条参照）、弁償せよといってくることになる。丙が友人乙のために寄附でもするつもりであったのなら、弁償せよなどとはいってこないだろうが、そうでないかぎりは、弁償せよといってくるだろう。そうすると、乙としては弁償せざるをえないわけである。この弁償の関係（これを求償関係という）をめぐっては弁済者の代位（499条〜503条）など、むつかしい問題がいくつかある。しかし本書では立ち入らない。

●誤って弁済したときは

買主乙としては、売主甲に対して代金を支払わなければならないわけであるが、往々にして、誤って甲でない者に対して支払ってしまうことが起きる。

たとえば、代金1000万円のうち990万円まで支払った乙のところへ、丙が残代金10万円の弁済受領の受取証書（レシート）を持って現われ、支払を請求したとする。乙がその受取証書を調べてみると、それはまさに甲によって作成されたものであることが認められ、また実際にも、そのとおりであったとする。そこで乙としては、丙には弁済受領の権限があると思って、丙に対して弁済した。ところが、丙はこの受取証書を、甲がその保管を怠っていたのに乗じて、甲のところから盗み出して、何くわぬ顔をして乙に対して支払を請求したのであった。丙には弁済受領の権限がないことはいうまでもない。乙としては、代金をほぼ支払終わり、残すところわずかに10万円ということで、丙はこれまで見たこともない人物だが、甲作成（筆蹟からいっても甲作成と判定される）の受取証書を持参していることから、まずは大丈夫だろう、とつい思って、丙にいろいろと問いただすことをしないままに支払った。支払を受けた丙は、そのまま行方をくらましてしまった。このような場合に、乙は甲に対して、再度10万円を支払わなくてはならないのが筋である。なぜなら、丙みたいな者にいくら支払っても、債務の本旨に従った弁済（415条）になるはずがないからである。甲にしてみたら、きちんと自分に支払ってくれなくては困る。とはいえ、乙の身になってみると、二重払いさせられたのではたまらない（次頁の図参照）。この甲乙の利害の調整をはかるのは債権法改正前は480条であったが、改正後は同条は削除されて478条に吸収され、実は弁済受領の権限をもたないが、取引上の社会通念

に照らして受領権者としての外観を有する者（従来はこれを債権の準占有者と呼んできた）に対してした弁済を、一定の要件の下に有効な弁済とすることが定められたのである。

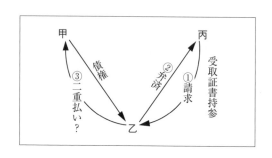

●善意、悪意ということ

478条によれば、(a)乙が丙には弁済受領の権限がないことを知らず（或る事実を知らないことを「善意」といい、知っていることを「悪意」という。道徳のレベルの問題とは別である）、かつ、知らないことにつき過失がなかった場合には——要するに、丙の無権限について乙が弁済時に善意無過失であったのであれば、乙が丙に対してした弁済は有効な弁済とされる。即ち、乙が丙に対して支払ったことは、とりも直さず、甲に対して支払ったことになり、乙としてはもはや、甲に対して支払う義務はない。(b)これに対して、乙が丙の無権限について悪意であったか、あるいは善意ではあったが過失があった場合には、丙に対する乙の弁済は無効であって、したがって乙は甲に対して支払う義務を免れない。

(a)の場合には、甲は乙に請求できなくなり損失ないしは損害をこうむったわけだから、甲から丙に対して、不当利得の返還請求（704条）または不法行為による損害賠償請求（709条）をすることが許される。(b)の場合には、乙から丙に対して不当利得の返還請

求または不法行為による損害賠償請求をすることが許される。(a)
(b)いずれの場合にも、丙に資力がなければ、これらの請求をして
みても徒労に終わるだけであるが、それは別論である。

　乙が丙の無権限について悪意でありながら、丙に対して支払う
などということはまず考えられない。圧倒的に多くの場合は乙が
善意であった場合であろう。その場合には、乙に過失があったか
なかったかによって、乙は甲に対して支払う義務を負ったり、あ
るいは、免れたりするわけである。乙についての過失の有無は、
こういう場合にはこれ、ああいう場合にはあれ、というように一
律にはきめられず、乙の年齢、経験、職業、具体的事情など、諸
般の事情を総合的に考慮して──訴訟になれば裁判官によって
──判定されるというしかない。

　乙が誤って弁済するのは、何も受取証書の持参人に対してだけ
とは限らない。要するに、取引上の社会通念に照らしていかにも
債権者らしい外観を伴って現われた者（次に述べる盗人がその典型で
ある）に対しては、つい弁済してしまうものなのだ。これは、債
権の準占有者に対する弁済と呼ばれてきたもので（債権法改正後は
「受領権者としての外観を有する者に対する弁済」と呼ばれている）、典型
的には、銀行預金の払戻しをめぐって論じられることが多い。

　即ち、盗人が預金者宅から同人の銀行預金通帳と届出印とを盗
み出して、これらを持参して、自分があたかも預金者かのような
ふりをして預金の払戻しを受けた場合に、払戻しをした銀行（弁
済者）は預金者（銀行預金の債権者）に対して払い戻す義務を負う
のかどうか、という問題である（先の図で、甲＝預金者、乙＝銀行、
丙＝盗人と思えばよい）。預金者にしてみたら、たやすく払い戻され
てしまって、銀行にあとは知らないといわれては、安心して預金
しておられない。そうかといって銀行にしてみると、払戻しに慎

重を期するのは当然ではあるが、大事をとるあまり、払戻しに手間どったのでは、顧客に不便をかけることになる。月末に、問屋街などにある銀行へ行ってみたらよい。預金者である問屋が従業員に支払う給料用にと、預金の払戻しを受けるために、銀行の窓口のところに列を作っている光景に出会うだろうし、年金の振り込まれる日には年金受給者が同じく列を作っているだろう。そのような場合に、払戻しにあまりに手間どっていては預金者が困ってしまう。それではどうしたらよいか。

　この問題に対して、民法は478条を用意している。それによると、受領権者としての外観を有する者（上の例では盗人）に対して銀行が弁済した場合には、弁済者（銀行）が善意かつ無過失（善意無過失という）の場合に限り（同条もその旨明示している）、有効な弁済とされるのである。有効な弁済とされて、預金者が銀行に対してもはや払戻しを請求できなくなった場合の預金者と盗人との関係については、あるいは逆に、弁済が有効とされなくて、銀行が依然として預金者に対して払戻しに応ずる義務を負う場合の銀行と盗人との関係については、先に、受取証書の持参人に対する弁済について説明したところから、見当をつけて欲しい。

　判例によれば、自分は預金者そのものではないけれども、預金者の代理人だと称して銀行に対して払戻しを請求する者（自称代理人）についても、478条は適用されてきた（おそらく今後もそうであろう）。自称代理人は「私は預金者の代理人だ。これこのとおり、預金者から委任状をもらってきたし、その実印（印鑑登録されている印）も預かり、それに預金の届出印をも預けられてきたのだ」と言うことだろう。銀行としては、それなら大丈夫だろうと思い、自称代理人に対して払い戻した。ところが、この者は委任状を偽造し、実印・届出印を盗み出していたのであって、代理人でも何

でもなかったとする。

このような者に預金を払い戻した銀行は、預金者の払戻し請求があった場合には応ずるほかないのだろうか。478条の文言に照らせば、銀行は自称代理人の無権限であることについて、払戻し時に善意無過失であった場合に限り、保護される（その場合に限り、自称代理人にした払戻しは預金の有効な弁済となり、預金者の払戻し請求に応ずる義務はない）。「金融機関」である銀行の注意義務としてどの程度のものを求められるかは、最終的には訴訟（預金者と銀行間のそれ）における裁判官の判断による。ここでの問題には後述の表見代理（197〜201頁参照）もかかわってくるが、本書では立ち入らない。

●**保証人がたてられていたときは**　買主乙の代金債務の履行について保証人丙がたてられることがある。丙が保証人になるためには、売主甲と丙との間に、丙が乙の代金債務の履行について保証するという趣旨の保証契約が締結されねばならない（しかも書面ですることが必要である—446条2項）。保証契約は債権者（この例では甲）と保証人（この例では丙）との間で結ばれるのであり、債務者（これを主たる債務者という。この例では乙）と保証人との間で結ばれるのではない。「でも、私は友人に頼んで保証人になってもらいました。」という声があがるかもしれないが、それはこの例でいうと、乙から丙に対する保証の委託をさしているのであって（459条1項参照）、保証契約そのものをさしているのではない。保証の委託は乙丙間の関係（保証委託契約）であり、これに対して保証契約は甲丙間の関係（契約）であり、両者は別である（乙の委託もないのに、丙が甲と保証契約を結んで保証人になることもある—462条参照）。この点について誤解がないようにされたい。通常は、乙から頼まれた丙が断わりきれずに、やむなく保証人になるので

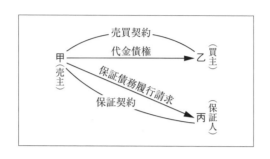

あろう（そしてしばしばひどいめにあう。ギリシアの昔からしかり。プラトンのカルミデスにいう A pledge is the next thing to ruin. を思え）。つまり、委託を受けた保証人が多いといってよい。以下、これを念頭におくことにする（上図参照）。

　保証人になった丙は、主たる債務者乙が乙の債務を履行しない場合にはじめて、保証債務を履行する責任を負う（446条1項）。甲としては、乙が代金債務を弁済してくれない場合に、それではというので、丙に対して弁済を請求することが許される（乙が本来弁済すべき1000万円の代金、および、損害賠償等も丙が弁済すべきことになる。447条1項参照）。注意すべきは、乙が乙の債務を履行しない場合にはじめて、というところである。甲としてはまず、乙に対し履行を催促（催告）すべきであり、甲がそれをしないでいきなり丙に対し履行を請求してきたなら、丙はまず乙に対してそうしてからにせよといって、甲の請求を拒絶することができる（452条本文。丙は催告の抗弁権をもつという。例外につき同条ただし書参照）。それにとどまらず、甲が乙に催促した後でもなお、丙の側で、乙に弁済の資力があって、かつ、執行が容易なことを証明した場合には、甲はまず乙の財産に対して執行しなければならないのである（453条。丙は検索の抗弁権をもつという）。

　しかし結局、丙が保証債務を履行して、たとえば、乙の本来支

払うべき1000万円を甲に対して支払ったならば、丙は乙に対して弁償せよと請求することになる（求償権の行使─459条1項。求償するといっても、ただ1000万円だけ取り返せるにとどまるのでなく、利息とか費用等もとれることにつき同条2項および442条2項参照）。丙が乙に対して求償するということは、丙から乙に対して求償額の支払を請求することであるが、それで終わりではないことに注意しておこう。

即ち、甲に対して保証債務を履行（弁済）した丙は「弁済をするについて正当な利益を有する者」（500条のかっこ書に表れている）として、弁済によって甲に代位する（499条）。これを弁済による代位、代位弁済、より正確には弁済による法定代位、略して法定代位という。丙が「弁済をするについて正当な利益を有する者」とされるのは、もし丙が甲に対して保証債務を履行しないなら、丙は甲から訴えられ、ひいては強制執行される可能性があることを思えば了解できるだろう。丙が甲に代位するとは、甲の地位に丙が入り、甲と入れ替わることだと思えばよい（丙 enters into the position of 甲）。より具体的にいうなら、甲の乙に対する代金債権や、（前頁の図には表われていないが）それを担保するために甲が乙に対して有している抵当権などの権利が、甲丙間の譲渡のとりきめなくして法律の力によって丙に移転することであり（「当然に」甲から丙に移転し、そのことについての対抗要件具備を必要としない。500条かっこ書で467条の準用を外していることに注意）、丙はこれらの権利を自己の権利として、ただし求償権の範囲で行使できることになる（501条1項・2項）。とりわけ抵当権を行使できるようになれば、丙にとっては好都合なことである。丙が甲と保証契約を締結するさいには、甲が抵当権を有していることを確かめたうえで締結することが多いくらいである。こうしたことは、機関保証とも呼ばれる信用保証協会による保証の場合にも基本的には変わらない。

保証についてはこの程度で切り上げておこう。

「保証」といわれるもののうちには、「連帯保証」といわれるタイプの保証がある。この場合には、保証人が主たる債務者と連帯して保証債務を負担するのである（454条）。通常の保証（単純保証とも呼ばれる）に比べて大きく異なるところは、催告の抗弁権および検索の抗弁権が連帯保証人には認められず、したがって、債権者には好都合だということである（同条参照。これらの抗弁権が保証人に認められていると、いかに債権者に都合が悪いかについては455条参照）。実際には連帯保証が圧倒的に多いのも、むしろ当然といえよう。

債権法改正では、保証（特に連帯保証）が往々にして保証人に苛酷な負担（なかでも執行認諾款付公正証書による強制執行の脅威は有名、民事執行法22条5号）を課することになるのを考慮し、保証人保護を改正の最重要項目の1つとして、具体的には「個人根保証契約」（その定義について465条の2第1項参照）、「事業に係る債務についての保証契約」（その定義について465条の6第1項参照）に重点を置いて、あわせて9ヶ条を新設した。

そのうち、「個人根保証契約」についての最重要点は、保護されるべき保証人は個人であって法人ではないこと、および、保証の限度額（極度額）を書面で定めなければ個人根保証契約は効力を生じないことである（465条の2）。

「事業に係る債務についての保証契約」についての最重要点は、保証契約の締結に公正証書の作成を必要とすると定めたこと（446条2項で保証契約締結には「書面」を必要としているのを、より厳格にしたことになる。しかも公正証書作成の方式につき詳細に定めている―465条の6参照）、および、主たる債務者が事業のために負担する債務を主たる債務とする保証または主たる債務の範囲に事業のために負担する債務が含まれる根保証の委託をするときは、主たる債務

者は委託を受ける者（債権者との間に保証契約を締結する者つまり保証人になろうとする者）に対し、主たる債務者の財産・収支の状況、主たる債務以外に負担している債務の有無、その額、履行状況等に関する情報を提供すべきことが定められ、主たる債務者がこの情報提供義務に反した場合には、保証人は保証契約を取り消すことができると定めたことである（特に、保証人となった者の情報の誤認およびそのことについての債権者の認識可能性の有無が保証人による取消し可能性に大きくかかわることについて、465条の10第1項・2項、および、保証人が法人である場合における主たる債務者の情報提供義務およびそれに関連する保証人による保証契約の取消権の適用除外について同条第3項をぜひ参照されたい）。

　これらの改正は、保証人保護（とりわけ会社が主たる債務者で、その経営者またはこれに準ずる者を除いた個人が保証人になる場合の保証意思の確認）を数歩進めようという意欲的改正ということができよう。しかし、条文は用語の定義や適用除外条項（465条の9、公正証書作成を必要とする保証契約につき、その作成を不要とする）を含んだり、保証人になろうとする者が法人か個人かで区別したり（465条の6第3項）、主たる債務者が法人か個人かで区別したりして（465条の9）、詳密にして複雑であるから、初学者にはとっつきにくいだろう。初学者は今の段階では上の説明を読み、引用条文を読んでみるくらいにとどめて、先に進んで欲しい。今はまだ3段跳の「ホップ」の段階だくらいに思っていればよい。

　保証や連帯保証（その他本書では立ち入らないが連帯債務、不可分債務などを含めて）を人的担保と呼ぶことがある。先の例でいえば、乙だけをあてにしていたのでは、その資力に安心できないので、保証人丙をたてさせて、甲としては、乙が支払えないときは丙をあてにしようというわけで、債権の回収がそれだけ確実になる

（だから「担保」というのである）。人的担保は、抵当権などの物的担保に比べて、手っとり早く設定できる長所があるが、他方において、丙の資力がいつ悪化するか大変不安定だという短所もある。それに、甲が保証債務の履行を求めて執行して、丙所有の財産を強制的に売却してお金に換えたからといって、甲がそのお金の中から、自分の債権につき他の債権者（丙に対する他の債権者）に優先して弁済されることはなく、他の債権者とそれぞれの債権額に比例して配当されるだけである（いわゆる債権者平等の原則。この点において物的担保には及ばない。民法369条１項、民事執行法85条２項参照。なお169頁以下も参照）。これでは、甲の債権が完済されることは必ずしも期待できない。人的担保については、この程度にとどめておこう。

●**債務者が勝手に交代してはいけない**　買主乙が売主甲に対して代金を支払あぐねているときに、助けてやろうといってくれた者丙が現われたので、乙は好都合とばかりに丙に対して代金債務の引受を依頼し、丙もそれを承諾したとする。これによって、乙は代金債務を免れ、以後は、丙のみが代金債務を負担することになる（免責的債務引受—472条１項）のだろうか（下図参照）。しかし、乙丙間でどうとりきめようと勝手ではあるが、そのとりきめの局外者である甲に、そのとりきめが当然に効力を及ぼすこ

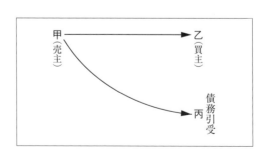

とになるはずがない。しかも甲にしてみると、代金債務を負う者は乙であると思っていたところ、自分に断わりもなしに、いつのまにか丙に代わってしまい、以後は丙にしか請求できないというのではたまらない。もし丙が無資力者であったら、甲はひどいめにあう。だから、免責的債務引受は乙丙間でそのようなとりきめをしても、甲が丙に対してそれを承諾しないかぎり、甲には対抗できず、甲は従来どおり乙に対して代金の支払を請求することができる（同条3項）。自分たちに都合がいいからといって、自分たちだけでとりきめてみても、それを第三者（一般には債権者に限らない）に押しつけることは当然にはできないと思わなければいけない。第三者を害するおそれがなくても、まずはこう考えるべきであり、第三者を害するおそれがあるなら、なおさらである。

　あるいは、「そんなに債権者を保護しなくてもいいではないか」といわれるかもしれないが、もし債権者が保護されないと、債権者にうっかりなれないわけだから、当面の例でいうと、甲は買主をいやがうえにも吟味して、債務者の交代などする必要がみじんもない者だけを買主とすることになってこよう。これでは甲にとって手間がかかるし、とりわけ、物を買い入れようと思っている人が甲の「厳選」というスクリーンにはばまれて買えないということになるかもしれない（販売競争の激しい商品なら、そういうこともなかろうが、例を変えて、金融機関による金融を想定してみればよい）。債権者を保護しないと（もちろん、これにも限度はあるが）、めぐりめぐって債務者（あるいは債務者になろうとする者）が困ることになるのだ。債権者は強い、債務者は弱い、弱者の方こそ保護されるべきだ、というような単純な割切り方はできないのである。

　債権者保護という観点からすると、甲丙間で免責的債務引受をとりきめ、そのことを甲から乙に対して通知することにより、そ

の免責的債務引受が効力を生ずることになるのは（472条2項）、むしろ当然のことであろう。

　それなら少し例を変えて、乙は依然として甲に対して代金債務を負担したままで、そのほかに丙も甲に対して代金債務を負担することを乙丙間でとりきめたらどうか（甲をして、丙に対する代金債権を取得させることにするというわけである）。これを併存的債務引受といい、この種の引受は甲が丙に対してその債務引受を承諾した時に、その効力を生ずる（470条3項）。これは、乙丙にとって好都合というよりは、甲にとって好都合である。甲にとっては、債務者が1人増したようなものだからである。甲が、そのようなことはしてもらわなくてよいと思えば、もっぱら乙にのみ支払を請求すればよい。また、甲がそれは大変いいことをしてくれたと思うなら、丙に対しても支払を請求すればよい。乙丙間で、第三者甲に、丙に対する代金債権を取得させようととりきめても（第三者のためにする契約の一種—537条1項）、そのような債権を取得する、しないは甲の随意のはずだからである（同条3項）。併存的債務引受は甲と丙との契約によってもすることができる（470条2項）。

　いずれの型によるにせよ、併存的債務引受がされた場合には、引受人は債務者と連帯して、債務者が債権者に対して負担する債務と同一の内容の債務を債権者に対して負担する（470条1項、連帯債務関係については具体的には436条を一読されたい）。

　具体的な場合に、問題の「債務引受」が、免責的債務引受か、それとも、併存的債務引受かは解釈によってきめるほかない。とりわけ前者であって、かつ、債権者の承諾（472条3項）が得られた、と判定するにはよほど慎重であらねばならない。たやすく債務者の交代を認めては、債権者を害することになりかねないからである。

場合によっては、丙が乙に対して、乙が甲に対して負担している代金債務を代わって弁済することを約束するにとどまり、免責的債務引受でも併存的債務引受でもないということもある。乙は依然として甲に対して代金債務を負担しており、丙は甲に対して代金債務を負担するのではなく、ただ、乙の甲に対する債務を第三者として弁済することを、乙との間でとりきめたにとどまる。これを履行の引受という。厳密には「債務の引受」とはいいがたいけれども、従来から、広義の「債務の引受」の一種とされてきている。履行の引受についてはこれ以上立ち入らないことにする。

●売主側の履行

　以上長々と買主側の履行を、それも代金債務の履行を中心にして、みてきた。このあたりで転じて、売主側の履行をとりあげよう。売買契約にもとづいて、売主は種々の債務を負担するけれども（それは問題の売買契約においてとりきめられた内容に依存している）、なんといっても中心となる債務は、目的物についての所有権を移転する債務であり（555条には財産権の移転とあるが、その典型は所有権の移転である）、さらに——買主の所有権取得を第三者との関係において安泰ならしめるために——目的物についての登記を買主に移転する債務（177条、これは不動産の場合のことであるが、動産の場合には引渡しをする債務—178条）である。これから、これら2個の債務についてみていこう。

●所有権移転の方法

　売主甲が買主乙に、売買契約にもとづいて、目的物である建物の所有権を移転するにはどうしたらよいか。ことはなんらむつかしくない。甲乙間で、この建物を売ろう、買おうという売買契約が締結されたなら（つまり成立したなら）、それにもとづいて（その契約の効果として）、建物の所有権が甲から乙へ移転される。176条によると、「当事者の意思表示のみによって」所有権移転の効力が生ずるとされてい

るのは、このことをさしている。比喩的にいうなら、売買契約の中に、所有権を移転するという意思表示が既に含まれていて、それにもとづいて所有権は移転するのであって、売買契約と別に、「所有権」を移転する旨の意思表示（これを物権行為という）を改めてする必要はないし、登記を移転するとか、所有権移転について特別の証書を作成するなどの形式をそろえる必要もないのである。目的物が動産の場合でも、ことは同様であって、買主に目的物たる動産を引き渡す必要はない。これを物権変動における意思主義という。もし建物の所有権を移転するには登記を移転しなければならないとしたら（このような形式を要求する法制も外国にはみられる。これを意思主義に対して形式主義という）、登記の移転がされないかぎりは、いかに売買契約が成立しても、その当事者間（甲乙間）においてすら所有権は移転しないことになるけれど、わが民法のもとではそうではなくて、登記が移転しなくても、売買契約が成立したならば、所有権は移転するのである。

●所有権はいつ移転するか

このように所有権を移転する方法は大変簡便であるけれども、そのことと所有権移転の時期とはどういう関係にあるのだろうか。物権変動の意思主義を採用するということは、所有権を移転するにはやかましい形式は不要で、まさに「意思」さえあればよいというだけのことで、所有権は売買契約が成立したとたんに移転するのか、それとも、もっと後に移転するのかについては、きめ手にならない。

判例はこれまでのところ、売買契約の成立によって（それだけでその時に。不動産売買についていうと、登記の移転がなくてもよい。その他、代金の支払がなく、引渡しがされなくてもよい）所有権は移転するという立場をとってきている。当事者間で特別のとりきめをして、

これこれのことをした時に所有権が移ることにしよう（それまでは移らない）と約束した場合には、その約束によってきまる時点に所有権は移転するけれども、そういうとりきめがない場合には（つまり原則としては）判例の考え方によれば、売買契約の成立時に、所有権は移転するのである（即時移転説——もっとも、判例に登場する事案は少なくとも代金の多くの部分が支払済という事案ばかりである）。

　これに対して学説としては、即時移転説もみられるけれども、近時は、少なくとも不動産売買については、原則としては、代金支払、登記の移転、引渡しのいずれかがされた時に、所有権は移転すると解すべきで、こう解するのが、不動産取引界の常識ひいては当事者の通常の意思にかなっている、という立場が有力である。つまり、しょせん売買契約の目的は所有権の移転にあるのだから即時移転になってしかるべきなどとは、たやすくはいえないのである。

　代金の支払がされていないが、登記の移転（または、および）引渡しがされた場合には、売主としては買主を信用して不動産の支配を委ねたといえるので、所有権は移転したといっても、当事者の意思から外れることはないであろう。しかし登記の移転も引渡しもされないで、かつ代金の支払もされていない場合を想定したとき、果して所有権は移転したというべきか。問題の核心は売主の代金債権の担保にある。この観点からすると、近時の有力説が支持されるべきであろう。というわけは、次のとおりである。

　即時移転説からは、代金債権の担保が心配であれば、売主は今や買主の所有物となった問題の不動産に代金債権を被担保債権とする抵当権を設定したらよいといわれるけれども、買主が設定に応じなければ設定できないし、買主が応じる義務はなく、応じる保証もない。また同説では、売主の代金債権の担保として同時履

行の抗弁権（533条）や留置権（295条）が想定されているが、前者
は転得者（同説によると、これまた即時に所有権を取得する）の引渡し
請求の前に無力であるし（売主と転得者は双務契約の関係にないから）、
後者は買主にせよ転得者にせよ、その破産の場合には効力が弱い
（破産法66条３項、これに比して売主が所有権を有していると強力であるこ
とにつき同法62条参照）。同説は、民法が売買の先取特権（売主に認め
られた法定担保物権）を用意していることは（不動産につき328条）、民
法自身が同説を採用していることの証左であるとも主張している
けれども、いささか論理の飛躍がある。この制度は、たまたま所
有権を即時に移転させる旨とりきめた場合に、売主に担保物権
（先取特権）を認めるという制度であるととらえることもでき、
したがって、この制度をもって同説の支柱とするのは速断である。
一歩譲って同説のようにいうことができるとしても、この先取特
権は売主にとって大変使いにくく（340条は「売買契約と同時に」代金
またはその利息が未済の旨を登記せよとしている。この登記を文字どおり
「売買契約と同時に」すべきと解するにしても、または、もう少し遅らせて、
所有権移転登記をした直後にすべきと解するにしても、担保物権を設定・公
示されることになる買主は抵抗し、そういうことになるなら売買をやめると
いい、売主の販売政策上、よくない結果を招くかもしれない）、そのうえ
効力の順位も劣っているので（331条１項・325条）、この先取特権
があるから代金債権の担保については安心せよと売主に対してい
うのは酷であろう。このようにみてくると、売主が所有権移転の
時期をなるべく後の時点としたくなるのはもっともなことで、近
時の有力学説が不動産取引界の常識（当事者の通常の意思）にかな
っているといわれるのも是認することができよう。
　所有権移転の時期を論ずるにあたっては、目的物が不動産か動
産か、後者についても商人間の売買か（特に買主は大企業か）、商人

と消費者との間の売買か、を区別して論ずる必要がある。問題は売買契約の解釈に帰するといえるが、そのさいに顧慮すべき慣行、当事者の意思、利益状況に大差（特に情報の格差）があるからである。他人の説を批判する場合には、その説がどの類型を念頭においているかを確かめたうえで、その類型に即した批判をしないと、きちんとした批判をしたことにならない。

　ちなみに、不動産売買における所有権移転時期について近時の有力学説を採用したからといって、特定物遺贈（遺言によって、ある人にこの不動産を与える旨の一方的意思表示。契約ではなく単独行為といわれる）における所有権の移転が即時（985条1項、遺言発効時）であってはいけないなどということはない。この遺贈の場合には、所有権の移転時期を遅らせることによって担保すべき債権などは存しないのだから、売買の場合と同日には論じられないのである。この遺贈においては、何の見返りもなしにすぐに（遺言発効と同時に）与えるというのが遺言者のそれこそ通常の意思なのであろう。

　いずれの立場をとるにしても、これまで述べてきたところは、建物の売買という特定物の売買についてであって、たんにビール1ダースの売買というように、不特定物の売買（売買にあたって個性に着眼しないでした場合）についてではない。不特定物の売買においては、目的物が特定してはじめて（たんに「ビール1ダース」といっているにとどまらず、酒蔵から出してきて、売るのはこの「ビール1ダース」だと指定して別置するなどする）、所有権の客体がこれというふうに定まり（所有権のような他人を排斥する強い権利の客体が、はっきりこれときまっていないのでは、他人を害するおそれがある）──判例の立場によれば──その時点で当然に所有権が移転する。先にみた有力説の考え方によれば、それでもまだ不足で、代金支払、引渡しのいずれかがなされた時に移転することになる（目的物がビールのよ

うな動産については、登記の移転は考えられない）。もっとも、所有権が移転する前でも権利義務関係としては何もないわけでなく、債権関係が成立しており、買主は売主に対し約束どおりビール1ダースを売るようにせよ（酒蔵から出してきてそうせよ）と請求する権利（債権）を取得する。

ところで、近時は、売主甲と買主乙との間で所有権がいつ移転するのかを問題にする実益はないのではないか、という見解も有力に主張されている。この説によれば、たとえば、目的物（これまで用いてきた例では建物）の利用関係は甲乙間の利用契約によってきまり、所有権が甲乙のいずれにあるかを問わない。また、甲が問題の建物を第三者丙に賃貸して賃料をとった場合に（賃料——正確には賃料請求権——のように「物の使用の対価として受けるべき金銭その他の物」を法定果実という—88条2項）、甲がそれをおさめる権利（89条にいう収取権）を有するのかといえば、これについては、「まだ引き渡されていない売買の目的物が果実を生じたときは、その果実は、売主に帰属する。」（575条1項）とされている。つまり引渡し前に生じた果実の収取権は甲に、引渡し後に生じた果実の収取権は乙に帰属することになるとされており、このように帰属が変わることについては、所有権の帰属がきめ手になっているのではない。売主・買主・引渡しということがきめ手である。そうだとすれば、「所有権はいつ移転するか」などと問うてみてもメリットがない。このような問いを発しても無意味だということになろう。

●対内関係＝当事者
　間の関係　　　　所有権の移転時期の問題はこの程度で切り上げておこう。特に、このような時期を一義的に確定する必要がないのか、あるのか、という問題は、大陸法系か英米法系かという問題、さらには法律学方法論にもか

かわってくる問題であって、本書で立ち入るのは適当でないからである（いずれ本格的な講義においてふれられるであろう）。ここでは、目的物の利用関係は甲乙間の契約によってきまるとか、まだ引き渡さない目的物から生じた果実は売主に帰属するとか述べたことについて、簡単に補足をしておきたい。

契約の当事者間の関係——これを対内関係とか内部関係とかいう——たとえば、目的物である建物をどういうふうに利用するかは、甲乙間の利用契約の内容しだいできまる。所有権が甲に帰属していても、甲が乙に利用させればいいわけだし、所有権が乙に移転していても、現実の利用は甲がすることにしてもよいし、乙が利用するにしても、具体的な利用の仕方はこうするというふうに甲ととりきめて、そのとりきめに従って乙が利用することもあろう。こうみてくると、利用関係については所有権の帰属（その前提としての移転時期）はきめ手にならないといえよう。

●**果実の帰属**　　対内関係で一言しておくべきは、果実の帰属と代金の利息との関係である（575条参照）。たとえば、売買契約が成立した後、目的物である建物が売主甲によって買主乙に対し引き渡される前に、甲がこの建物を第三者丙に賃貸したとする。その場合の賃料（法定果実）はだれがとるべきなのか。また、この建物の保存費用はだれが負担すべきだろうか。なお、乙は代金を——単純化するため——全く支払っていないとも仮定しよう。これらの問題に関する規定は575条である。同条によれば、一方、果実（この例では賃料）は甲に属し（同条1項）、反面において、たとえ代金債務の期限が建物引渡しと同時にまたはそれより前に到来しても——甲は乙に代金の支払請求をしうるが、代金の利息については——乙は建物引渡しの日から支払う義務を負う（逆からいえば、引渡しの日の前日までについては負わない）の

である（同条2項本文、そして同項ただし書はむしろ当然のことを定めただけなのではないか）。

　どうしてこのような規定がおかれたのか。所有権移転の時期に関する立場との関係はどうか。

　（ⅰ）　即時移転説によると、建物の引渡し前でも所有権は乙に帰属する。したがって果実も乙に帰属する。となると、乙は甲に対し、甲のおさめた果実の引渡し（支払）を請求しうる。乙が甲に対してそれを請求すると、逆に甲は乙に対して、代金の利息と建物の保存費用を請求してくるであろう（代金の利息＋保存費用＝果実という関係にあると考えるわけである）。そして、それらの請求は認めざるをえない。代金の利息は、代金債務の不履行（支払の遅滞）の場合に支払わねばならず、またその場合にのみ支払えばたりるはずだけれども（なお419条参照）、たとえ支払の遅滞になくても、乙が果実を取得した以上は、代金に利息をつけることがバランスをとることになる。いつからかといえば、売買契約締結時（所有権移転時＝果実帰属時）からということになろう。また、甲が建物に配慮して（出費もして）いたからこそ（空けておくと、建物はとかく荒れる。ヴァージニア・ウルフ『燈台へ』のラムゼイ邸を思え）、丙に賃貸できる状態に維持できていたのだとすると、甲から乙に保存費用を支払えと請求しえて当然である。こういうふうに、お互いに請求しあうとなると煩雑な関係が生ずる。そこで、引渡し前に生じた果実は甲がおさめて、かつ、保存費用を負担し、同時期については乙は代金の利息を支払う義務を負わない。これに対し、引渡し後に生じた果実は乙がおさめて、かつ、保存費用を負担し、同時期については（引渡しの日から）乙は代金の利息を支払う義務を負う。もっとも、代金の支払期日が引渡しの日より後の日と定められていた場合には、その日が到来するまでは乙は利

息支払の義務を負わないと規定されているが（575条2項ただし書、これは乙を優遇しようという当事者の意思を推測しておかれたものである）、この点はここでは度外視して先へ進もう。575条は、要するに、果実と保存費用の差額が代金の利息とおおむね等しいとみて、相互請求という煩雑な関係を回避することをねらったものである（ほかに579条後段参照）。同条は、即時移転説のもとで生ずる煩雑な関係を回避させるという積極的な存在理由を有することになる。

（ⅱ）　転じて近時の有力説——代金支払、登記の移転、引渡しのいずれかがされた時に所有権は移転するという立場——のもとでは、同条はどういう意義を有するか。これについては、まず代金支払、登記の移転、引渡しのいずれもされていない段階を考えることになろう。この段階では所有権は甲に帰属しているので、甲が賃貸できるのはもとより、果実が甲に帰属するのは当然で、甲は保存費用を負担する。そのこととのバランスから、引渡し前の時期について、乙は代金の利息を支払う義務を負わない。次の段階に進むと、つまり引渡しの日から所有権は乙に帰属するのだから、その日以後の果実は乙がおさめ、保存費用を負担し、そのこととのバランスからいって、乙はその日から代金の利息を支払う義務を負うことになる。こうみてくると、575条の文言どおりということになる。同条2項ただし書については、（ⅰ）で述べたことが（ⅱ）のもとでもあてはまるであろう。このただし書についてはやはり度外視しておこう。同条の存在理由はといえば、近時の有力説のもとでは、同条は当然のことを確認しているだけで、煩雑な関係の回避という意味を有するわけではないことになる。

　以上（ⅰ）（ⅱ）を通覧すると、引渡し前において甲乙いずれに所有権が帰属していようと、そのことに関係なく、「果実の帰属—代金の利息」の法律関係は同条によって定まる、ということがで

きる。

　ここで念のため注意しておきたい。同条が果実収取権（これは所有権の一部）の移転時期を引渡し時と定めているからといって、同条は近時の有力説を根拠づけるものだなどと速断しないようにして欲しい。同条は近時の有力説のもとでも説明しうるとはいえても、それ以上に進んで、同説を根拠づけるとまでいうとすれば、そこには飛躍ありというべきだからである。同条はむしろ、即時移転説を根拠づけるというべきであろう。そもそもこの「速断」は、果実収取権という「一部」（小）が引渡し時を境にして移転することから、その「一部」を含む全体（大）（所有権）も引渡し時に移転するというわけであるが、逆の推論ならまだしも、その論理の運び方には無理がある。近時の有力説を根拠づけるには、そのような無理をしなくても、既に述べたところで十分である。

　果実の帰属と代金の利息との関係については、細かい問題がいくつか考えられるが、逐一とりあげている余裕はないので、二、三ふれるだけにとどめる。判例によると、引渡し前に代金を支払うというとりきめをした買主が期日に支払わなくても、目的物の引渡しを受けるまでは代金の利息を支払う義務はない。また、売主が引渡しを遅滞している場合でも、売主は果実を取得することを認められる。ただし——575条の文理上は明らかでないが——既に代金の支払を受けてしまっておきながら、引き渡すべき目的物を引き渡さないで占有している売主が果実を取得することは、公平でなく許されないとされる。

　●１度に全部わかろうというのは無理●　ここまで読み進んできた方は、「果実の帰属ひとつとってみても、なんと細かい話だ。うんざりした」と嘆かれるかもしれない。「それに、考えてみると、

疑問が雲のようにわき起ってくるのをどうしようもない。たとえば、売主が引渡しを遅滞している場合でも、果実の取得を認められるというのはおかしくないか。これでは、売主としてはわざと引渡しを遅らせて、その間、高い賃料をとって貸した方が得になる」といわれるかもしれない。まことにもっともな疑問である。

　しかし、勉強しはじめたばかりの人は、胸に浮かんだ疑問が即座に氷解しないからといって気にする必要はなく、その疑問をどこか余白にでも書き留めて、とにかく先へ進み、民法全体のアウトラインをつかんだ後、第2ラウンドとしての、より詳しい勉強の過程で、その疑問を再度吟味されたい。どのような学問でもそうだと思うけれども、一歩一歩進み、何度も何度も（まだよくわからない、として）吟味を重ねて、時至ってついにわかるというものなのだ（伊藤仁斎『童子問』清水茂校注、日本古典文学大系97〔岩波書店・昭和41年〕55〜56頁）。

●**くり返しアタック─知と不知の区別**●　　ここで一言注意しておこう。民法の勉強を総則からはじめると、各論がわからないから理解しにくいし、逆に各論を先に勉強すると、総則がわからないから、これまた理解しにくい。結局、どこからはじめてみても、全体を一応にもせよ終わらないと、なかなかしっくりこない。ほぼ同旨を、わが国におけるおそらくは最初の民法講義の中でボアソナードは述べていた（同『法律大意第2回講義』一瀬勇三郎＝市川亮功訳〔宗文館・明治16年・昭和61年復刻〕93頁）。わかったところはここまで、わからないところはここだ、と区別をはっきりしておいたうえで、先へ進み、やがて立ち戻ってきて再検討してみるより仕方がないのである。

　たしかデカルトであったか、本というものはまず1度ざっと読んで大体を頭にいれ、わからないところは2度、3度と読むたびにアタックをくり返して、ついにはすっかりわかるようになるのだといっていたし（同『哲学原理』桂寿一訳〔岩波文庫〕21頁。ほぼ同じことを本居宣長もいっている。同『うひ山ふみ』村岡典嗣校訂〔岩波文庫〕

19頁）、また荻生徂徠は、１度ですべてわからないと気がすまないような人は学問をする器でない、疑問をいつも胸中にたくわえつつ読書し、巻数を積んでいくと、おのずからさっぱりと氷解するものだと教えてくれている（同「訳文筌蹄」題言、日本の名著『荻生徂徠』〔中央公論社・昭和49年〕250頁）。大事なことは、わからないところとわかるところをはっきり区別して進むことで、本当はわかっていないのに、丸暗記してわかったような気になることは絶対に避けねばならない（「子いわく、由（ゆう）よ、なんじにこれを知るを誨（おし）えんか。これを知るをこれを知るとなし、知らざるを知らずとなせ。これ知るなり。」論語為政第二 を深くかみしめるべきなのである）。

●登記の移転　さて、売主甲と買主乙との間で、目的物である建物の所有権が甲から乙へと移転したとしよう。そこまで進んだ以上は、甲は乙に登記を移転しなければならない。甲と乙との間だけなら、登記が依然として甲のもとにとどまっていても、乙が所有権を取得したことに変わりはないし、それどころか乙は甲に対して、所有権が乙に移った以上は、登記と実体がずれているのは適当でないから、早く登記を乙名義に変更せよ（所有権移転登記手続をせよ）と請求することができるくらいだ（登記は甲乙が共同して申請するのが原則で、甲が協力しないなら、乙は甲を被告として登記手続に協力せよと訴えることになる。不動産登記法60条・63条１項）。乙がなぜ登記を求めるかというと、乙が所有権を取得したことを第三者に主張しようとするには（その第三者が認めてくれればよいが、そうでないかぎり）登記を必要とするからであり（いわゆる対抗問題）、これからこの問題について解説することにする。せっかく甲から買って所有権を取得したとしても、そのことを第三者に主張しえない（対抗しえない）のでは、買ったことの意義が大きく減殺されてしまう。売主たる者は、売った以上は、買主を

して第三者に対する関係においても、その所有権取得を安泰ならしめる義務を、売買契約にもとづいて当然に負うというべきである（560条が明言する）。売ってお金さえとれば、あとは野となれ山となれ、ではいけない。なお、売主の登記移転債務と買主の代金債務とは、同時履行の関係（533条）に立つことに異論はない。だから不動産を買う場合には、たやすく代金を支払う必要はなく、登記の移転と引換えに支払うことにすればよいわけで、その方がトラブルを減らすことになろう（同様のことは売主の側からもいえる）。

●二重譲渡、対抗問題

これから民法上のハイライトのひとつということにまず異論のない問題、二重譲渡、対抗問題をとりあげる。「二重譲渡」といわないで、「二重売買」ということもあるが、「譲渡」の方は所有権移転じたいに着眼した表現で、これに対して「売買」の方は、その所有権移転の原因に着眼した表現であり、両者はレベルを異にする概念である。譲渡は売買ばかりでなく、たとえば贈与（549条）、交換（586条）、代物弁済（482条）などを原因としても起きるのであるが（以上は契約を原因とする譲渡の例である）、実際には売買が圧倒的に多い。譲渡というと、売買がまっ先に想起されるくらいである。そこで以下においても、二重譲渡の代表として二重売買を用いて説明することにする（以下においては次頁の図参照）。

　甲が自分所有の不動産（86条1項。建物は同条項にいう「定着物」にはいる）を乙に売り、所有権が移転したものとしよう。登記はまだ甲にある（乙は未登記である）とする。ところが甲は、その後、同一の不動産を丙に売って、丙に所有権を取得させ、かつ、丙に登記を移転してしまった（甲から丙へ所有権移転登記がされた）と仮定しよう。いったい、この不動産について、乙丙いずれが所有権を取得するのだろうか。同一物上には共有は別として、1個の所

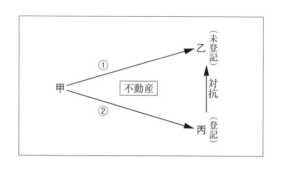

有権しか成立しえないので（これを一物一権主義という）、乙丙のう
ちいずれかが所有権者となり、他方は所有権者とはなれないのだ。
乙丙のうちいずれを所有権者ときめたらいいのか。この問題のき
め手となるのが「対抗要件」であって、177条の規定するところ
である（動産の譲渡の対抗要件については178条参照）。177条によれば、
乙は先に所有権を取得しているのに（同条の「得喪」の「得」にあた
る）、未登記であるために、自己の所有権取得を丙に向って主張
しえない（177条の表現を用いると「対抗」しえない）。このことは、た
とえ丙が未登記であっても変わらない。もちろん、丙が、乙が所
有権を取得したことを認める、乙が所有権者となって丙はならな
くてもよい、というのなら別だが、丙が乙の所有権取得を認めな
いというのであれば（普通はこういうことになるであろう）、乙は未登
記であるからには、自分こそ所有権者となるのだ、丙はなれない
のだ、とはいえないのである。これに対し丙は乙より後に所有権
を取得したのに、移転登記を乙より先にすませたので、乙に対し
て所有権取得を対抗することができ、丙が最終的に所有権者とな
る。もし乙丙ともに未登記ならどうかというと、相互に対抗しえ
ない状態が続くわけである。だからその場合に、たとえば丙が乙
を被告として、丙が所有権をもっていることを確認せよと訴えて

も、請求棄却の判決がされるだけに終わることになる。このように、同一不動産が一方乙へ、他方丙へ売られた場合に、乙丙のいずれが所有権者となるかは、乙丙のいずれが対抗要件を早く備えるかによってきまるのである。これが、二重売買、対抗問題あるいは対抗関係と呼ばれる問題である。

　読者は、1度乙へ売った不動産を、さらに丙へ売るなどすることが実際にあるのかと疑われるかもしれないけれども、現に二重売買の判例は多数あるし、時折、新聞沙汰になるくらいなのである（たとえば、「売ったホテル　もう1度売る　法人理事長・俳優ら送検」朝日新聞昭和55年5月29日朝刊　第23面、下掲参照）。

　二重売買、対抗問題について、いくつかの補足をしておこう。

　第1に、問題は相互に相容れない立場に立つ者同士の間での優劣決定だということである。こういう関係（「食うか食われるかの関

◆売ったホテルもう一度売る
──法人理事長・俳優ら送検──

　東京・万世橋署は28日までに東京都新宿区矢来町、日本建設雇用管理協会理事長川淵照彦(44)、世田谷区下馬5丁目、俳優兼安藤企画社長安藤昇(54)、港区西麻布2丁目、同社員富沢定(62)を横領の疑いで東京地検に書類送検した。

　調べによると、川淵は昨年6月ごろ、同協会が八丈島に所有しているホテルの一部を渋谷区内の団体役員Aさん(43)らに売ったが、その後Aさんらが所有権移転登記を忘れていたことに目をつけ、安藤らと共謀のうえ、ことし1月8日ごろ、ホテル全体を富沢に2億円で売り、すぐ登記した疑い。

　調べに対し安藤と富沢は「すでに他人に売られている物件とは知らなかった」と共謀の事実を否定している。同協会は労働省認可の社団法人。

係」などと表現されることがある）に立つ者を、対抗関係に立つ者といい、これらの者の一方からみて他方を、対抗関係に立つ第三者といったりする。乙丙は一方を認めれば他方は認められないという関係にあるから、まさに相互に、対抗関係に立つ第三者にあたるわけである。そうして、相互に両立不可能ゆえに、いずれか一方を勝たせて、残る他方をしめ出すよりほかない。丙が登記を先に備えたことによってしめ出された者乙は、自分に売った甲に対して文句をいうことになる。つまり、乙は甲に対して、甲乙間の売買契約にもとづく、甲の乙に対する債務（乙を所有権者とする債務）が履行不能になったことによる損害賠償を請求するわけである（415条・416条。少なくとも、乙が甲に支払った代金の返還を請求しうることになる。ほかに契約の解除も考えられる。542条1項1号・545条）。ちなみに、乙が甲に対して損害賠償を請求したり、契約を解除したりする法的根拠は甲乙間の売買契約上の甲による債務不履行なのであって、他人物売買（561条）ではない。というのは、甲乙間の売買においては、甲はあくまで自己の所有物を売ったのであるし、また「他人物売買」に必要な意思（「他人」丙から取得して乙に移転する意思、561条参照）を甲は有していないからである。

●**法律概念の相対性**● ところで、甲が乙に対して負っている売買契約にもとづく債務は履行「不能」なのか。たしかに丙は登記を備えてしまったけれども、乙があきらめるのはまだ早い。甲が丙と交渉して登記を甲へ戻して、それから乙へ移転登記すれば、なお乙は登記を取得して、最終的に所有権者となれるのではないか。だから、履行「不能」などというのは誤りだ。読者は、あるいは、こう論ずるかもしれない。いわば物理学的にはそのとおりである。しかし、ここで問題にしているのは民法の領域における「不能」なのである。そして、民法の領域における「不能」は、

民法の領域独自にその意味内容を決定すればよいことであって、物理学に右にならえする必要は少しもない（もし右にならえしなければならないとしたら、法律問題は物理学者が解決することになる。物理学の方で思考の大変革があると、法律問題の処理も当然にひっくり返されることになろうが、それは適切ではない）。当面の例についていうなら、丙が先に登記まで備えてしまった以上は、乙としてはもはや所有権を取得しえないと解すべきである。なぜなら、民法の領域では、可能か不能かは、問題の債務の発生原因（たとえば不動産売買契約）および取引上の社会通念に照らして判断されるべきで（412条の2第1項参照）、そうだとすると、丙が先に登記を備えたからには、乙は所有権をとれない、甲乙間の売買契約は履行不能に陥ったというべきだからである。

　こういうように、同じことばであっても、その意味内容は、学問によって異なるから注意されたい。それどころではない。法律同士の間でも、さらには民法の条文の間においてすらも、意味内容が異なって解されることがよくある（その意味内容は究極的には、その条文の立法趣旨によってきまる）。これを「法律概念の相対性」といい、これから勉強するにさいして注意しておいて欲しい（228頁参照）。

第2に、「対抗」は第三者との間（設例では乙丙間）で問題になるのであって、当事者間（甲乙・甲丙間）では問題にならない。たとえば、乙が甲に対して所有権取得を主張するためには、登記を備えている必要はない。甲としては、乙に売った以上は、乙に登記を取得させるように努力すべきなのであって（560条）、乙に登記がないことを理由にして、乙の所有権取得を認めないとしたら、全くの筋違いである。

●すべての道はローマに通ず●　ついでに、今後の勉強を進めるうえで大事なことを述べておこう。二重売買とか対抗問題とか対抗

関係とかいわれるときには、設例における甲のように、だれかが
共通の起点になっていて、そこを中心にして、数個の（普通は 2 個
の）、相互に相容れない物権変動がなされ（むしろ物権変動が生じた
という方が用語としては適当か）、そのうちのどれを最終的に残すか
が問題になる。数個の物権変動があっても、対抗問題が生じない
場合もある。「対抗問題」というには、作図をしてみて、「すべて
の 道 は ロ ー マ に 通 ず」る式に（Tous les chemins mènent à
Rome.）、共通の起点というべきところへ複数の物権変動が集中
する（というより、共通の起点というべきところから発するといった方が、
この場合は適当だが）形の図が描けるのでなければならない。複数
の物権変動が起きてはいるが、作図をしてみると、そうはならな
いという場合には、対抗問題ありとはいえない。たとえば、A→
B→Cと所有権が順次移転（順次譲渡）された場合におけるAと
Cとの間には対抗問題を生じない（共通の起点がないから）。した
がって、CはAに対して登記なくして所有権取得を主張すること
ができる。

第 3 に、複数の物権変動が対抗関係に立つというときには、そ
れらの物権変動はいずれも有効でなければならない。もし甲乙間
の売買契約が有効で乙が所有権を取得したのに、甲丙間の売買契
約が無効で丙は所有権を取得できなかったなら（たとえば90条参照。
甲が丙に詐欺・強迫されたことを理由にして売買契約を取り消した場合も同
じ―96条 1 項・120条 2 項・121条参照。有効、無効については後述する
〔201～202頁参照〕）、乙は未登記であっても、丙に対して、所有権
取得を主張することができる（丙が登記をしていても、それは実体を
伴わない無効の登記である）。いかに未登記とはいえ、権利者である
乙が無権利者である丙に対して、権利主張を遠慮すべきいわれが
ない。それに、甲丙間の売買契約が無効で丙に所有権が移転して
いないなら、甲→乙、甲→丙という 2 個の相互に相容れない物権

変動が生じたとはいえず、したがって、この場合には二重譲渡は成立していないことになり（そもそも177条のらち外だということになり）、乙は登記なくしても、丙に対し所有権取得を主張することができる、というべきことになろう。このような場合の丙を乙に対して敗れさせるために、丙をやがてふれる「背信的悪意者」だと性質決定するまでもなく、乙丙は対抗関係に立っていないのだから、権利者乙は登記なくして無権利者丙に勝つと説明すればたりる。「背信的悪意者」はあくまで二重売買の成立していることを前提している概念であるから、用いる場面を間違えないようにすべきである。

　念のための説明を加えておこう。（ⅰ）甲乙間の売買契約が有効で、乙が所有権を取得し、他方、甲丙間の売買契約も有効ではあるが、たとえば甲丙間の特約により、丙は所有権を取得するに至っていないという場合には、一見したところ有効対有効の関係がみられるけれども、乙丙は対抗関係に立たない。丙が所有権を取得していないからには、相互に相容れない物権変動ありとはいえないからである。（ⅱ）未登記の乙をして丙に勝たせるためのテクニックのひとつとして、甲丙間の売買契約がそもそも無効で（たとえば90条違反）、丙は所有権を取得しておらず、したがって乙丙は対抗関係に立たない、と論断する仕方もある。次の「第4」でふれる「背信的悪意者」の法理が確立していない時期においては、判例上、このようなテクニックが活用されたのである。このようなテクニックは一応有用ではあるけれども、丙からの転得者、さらにその者からの転得者を無権利者にしてしまい、不動産の取引の安全をそこなうことになる。

　第4に、丙——対抗関係に立つ第三者——は善意である必要はなく、悪意でもよい（177条も「善意の第三者」という表現はとっていな

い。「善意」「悪意」を問題にする条文、たとえば162条2項・192条と比較せよ）。つまり、丙は乙が既に所有権を取得していることを知っていても、なんらさしつかえない。これを、単純悪意者でもよいなどという。しかし、丙が未登記の乙を困らせることだけを目的として（問題の目的物を所有することは本当はどうでもよく、たとえば、私怨をはらすことだけをねらって）、甲から譲り受けて登記を備えた場合などのように、丙をして乙の未登記を主張させることが信義誠実の原則に照らして許されない場合（このような場合の丙を背信的悪意者という。不動産登記法5条にはその精神が現われている）には、乙は未登記であっても、登記を備えた丙に対抗しうるのである。

　注意すべきは、背信的悪意者丙といえども所有権を取得していて、乙と対抗関係に立つことに変わりはなく、ただ乙に対してはそのことを主張しえないだけであって、したがって、丙からの転得者丁（下図参照）は権利者からの譲受人としてやはり権利者（所有権者）となり、乙と対抗関係に立ち、乙との関係で丁も背信的悪意者とされれば別として、そうされないのであれば、乙は未登記のままでは丁（登記を備えていればもとより未登記でもよい）には対抗しえない。以上は判例・通説の立場である。もし背信的悪意者は無権利者なのだということになると、丁もまたしかり、丁からのさらなる譲受人もまたしかりとなってしまって（無から有は生じ

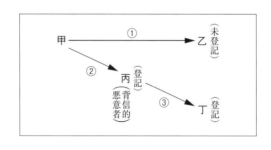

ないから)、不動産の取引の安全をそこなうことになるし、乙は怠けて未登記のまま永きにわたって丙、丁以下の譲受人に権利主張できることになって適当でない。したがって、判例・通説の立場が支持されてよい。

第5に、読者は「悪意の丙までが乙に勝つというのはおかしい」といわれるかもしれない。これは結局、177条の立法趣旨は何かという問題に帰着する。同条の立法趣旨は、甲から不動産を買った丙が、未登記の乙から文句をつけられて、せっかく買った不動産の所有権を失うはめになることを防止すること、即ち丙の取引の安全を確保することにあるといったら、それは必ずしもあたっていない。というのは、同条は善意の丙のみならず、悪意の丙までも保護するからである（背信的悪意者は別であるが）。取引の安全の確保というのなら、悪意の丙を保護する必要などないはずである。

それなら、177条の立法趣旨はどういうことなのだろうかというと——不動産を買って所有権を取得したけれども、そして、登記をしようとすればできるのに、それをしないでいるような者（乙）を不利に扱うことにする。自己の権利取得を防禦する手段（登記の取得）をとりえたのに、とろうとしなかった者（乙）を不利に処遇する（悪意の丙にも対抗しえなくさせる——一種の制裁）ことにする（それにしても、背信的悪意者に対しては勝てると解釈されているわけである）。こういう方針をとることによって、対抗要件具備を促進し、対抗要件が広く具備されることを通じて（権利関係が公示されるから）、ひいては不動産の取引の安全が確保されることになる。これが同条の立法趣旨である。とはいうものの、悪意の丙が勝つという結果をひき起こすのではあるが。

このことを丙の側からみると、いかに甲から乙に所有権が移転

され、しかもそのことを丙が知っていようとも、甲から乙に所有権移転登記がされていない以上（つまり所有権移転についての公示がないからには）、丙としてはこの所有権移転をなかったものとして扱ってよいということである。いいかえると、たとえ物権変動が有効に起きていても、それについての公示がされていない場合には、第三者はその善意悪意を問わないで、その物権変動はなかったものとして扱ってよい。177条はこの法理を表現しているのであり、この法理を公示の原則という（これと公信の原則との対比については218頁を参照されたい）。この原則が取引の安全の確保を直接志向しているといえないことについては、先に述べたところから明らかであろう。

　ところで、乙が登記を取得しうるのにしなかったといっても、甲が移転登記手続に協力してくれなかったら（不動産登記法60条）、どうしたらよいか。その場合には、乙の甲に対する登記請求権を保全するために、乙は甲を相手方として、問題の不動産の処分を禁ずる処分禁止の仮処分を申し立てるという方法があるけれども（民事保全法23条１項・24条・53条１項）、本書では立ち入らず、ただ、乙は甲を被告として、移転登記手続に協力せよという訴訟を起こして、勝訴判決を得て、乙の単独申請で登記をする方法（不動産登記法63条１項）をとるか、または、もっと手早くやれる方法、仮登記を命ずる処分（乙の単独申請が許される）を活用して、ひとまず仮登記を取得しておくという方法（同法105条・107条・108条）をとるかして、自己の権利取得を安泰にすることができる、とだけ述べておく（仮登記そのものには対抗力はないけれども、仮登記を後に本登記（登記）に直すことによって、その登記は仮登記の順位における対抗力を取得し、乙の仮登記後に丙が登記していても、乙は丙に勝つことができるのである—同法106条）。

第6に、甲が乙に不動産を売って、乙が所有権を取得したのなら、甲はもはや無権利者のはずだから、その甲から丙が所有権を取得するのはおかしくないか。おそらく、このような疑問が寄せられるであろう。176条だけを眼中においているかぎりは、そのとおりである。しかし、177条が設けられていることを無視しえない。説明としては、ともかく177条が設けられている以上は、民法としては二重譲渡を前提している、乙も丙もいずれも所有権を取得することにしているのだ（そうでなければ、「対抗」という表現を採用するのはおかしい）、物理学の論理からするとおかしくても、民法としては、乙丙いずれも所有権を取得しうることにきめたのだ（物理学に遠慮する必要はなく、民法は民法としてきめればよい）、といってもよいし、あるいは、当事者（甲乙）間では乙は未登記であっても所有権を取得するが（176条）、177条が設けられていることにより、第三者に対する関係では、登記がされてはじめて乙は所有権を取得する、未登記の間は乙は所有権を取得しない、いいかえれば、その間は甲はまだ所有権を失ってはおらず、したがって、丙は甲から所有権を取得することができる、という説明の仕方（判例・通説）もある。おそらくこの説明でたりるであろう。さらには、甲から譲り受けて乙が所有権を取得したからには甲は無権利者となり、その甲から丙が譲り受けても、丙は無権利者のはずのところ、丙が前主甲の権利者らしい外観（甲の登記）を信頼して譲り受けた場合には、丙の信頼を保護して丙を権利者とすることにして、このような丙に対しては、乙は自分こそが真の権利者であることを主張しえない旨定めたのが177条なのだという説明の仕方（公信力説）もある。この説は発想としてユニークで傾聴すべきところを含むけれども、既に指摘されているように、同旨の外観信頼保護については94条2項などが用意されているので、

それらによればよいことにかんがみるなら、民法の解釈論としてはいささか無理であろう。

●二重譲渡帝国主義？　二重譲渡の機械的あてはめ？

最後に一言注意しておく。読者がこれから民法を勉強していくと、あちらこちらで二重譲渡的な処理（登記の先後によって勝負をきめる）にぶつかるはずである。そのさい注意すべきは、事実関係を図解してみたら、あたかも二重譲渡の場合のような図が描かれたからといって、頭から（それだけで直ちに）、二重譲渡的な処理がされるべきだ、と考えるのは、本末をとりちがえた考え方だということである。結果として、二重譲渡的な処理がはかられる場合が多いけれども、それらの場合にも、作図に二重譲渡的な処理が短絡されているわけではない。どのような事実関係、利益状況のもとであろうと、二重譲渡の場合のような作図ができさえすれば、当然に二重譲渡的な処理をすべし（こういう作図ができる以上は、二重譲渡的な処理がされるべきことにきまっている）という考え方を、「二重譲渡帝国主義」とか「二重譲渡の機械的あてはめ」と呼んでおこう。これから勉強を進めていくにあたって、このような考え方に陥らないように注意されたい。

　たとえば、甲所有の不動産を乙が時効によって取得したものの（他人の所有物を長期間、一定要件のもとで支配＝占有することによって、その物の所有権を取得することが認められており、これを取得時効、時効取得という。他人の所有物をただでとりあげて自分の所有物とするのである──162条）、未登記のままでいたとする。その間に、甲が同一不動産を丙に売って、丙に登記を移転したとしよう（次頁の図参照）。乙と丙とでは、いずれがこの不動産の所有権者となるのだろうか。作図をしてみると、二重譲渡の場合のような図が描かれるけれども、だから直ちに、二重譲渡的な処理がとられるべきなのか。

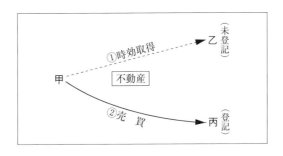

　考えてみると、時効による所有権の取得は、売買による所有権の取得と異なっているが（前者は甲の意思を問わないで、乙がたとえば20年間、一定要件のもとに占有していたことによるのに対し、後者は契約による、つまり甲の意思をベースにしている）、それでも同様の処理をしてよいのか。177条は甲の意思をベースにした物権変動にのみ適用されるべきではないのか（176条には「意思表示」とあり、177条は176条を承けているのではないか）。また、176条には別に177条が用意されていて、前者による物権変動が対第三者関係においては後者によって制約されている（登記まで備えないと対第三者関係においては物権変動は起きない）と解されるのに、162条には「所有権を取得する。」とあって、177条のように、対第三者関係においてそれを制約する規定は用意されていない。そうだとすると、今や乙は、時効によって対第三者関係においても完全な所有権を取得し、甲は無権利者となり、甲から買った丙もまた無権利者（登記は実体にあわない無効の登記である）ということになるはずで、乙丙は対抗関係に立たず、したがって乙は未登記でも丙に勝ってしかるべきだということになりそうである。こうしてみると、作図をしてみたところ、二重譲渡の場合のような図が描けるからといって、だから二重譲渡的な処理がされるべきだ、とはたやすくはいえないのである。

しかしまた、乙が時効によってにせよ、売買によってにせよ、所有権を取得することは同断であって、甲を共通の起点とする二重譲渡だとみることもできる（少なくとも、177条の類推適用を考えることができよう）。また、162条には「所有権を取得する。」とあるが、これはあくまで当事者間（甲乙間）においてはそうだというだけのことであって、対第三者関係においては177条が適用ないしは類推適用されてしかるべきだ、なぜなら、同条はその文理にかんがみても、物権変動を第三者に対して主張させる状況を広くカバーしている規定であって、同条が物権編の総則におかれているのは、そのためである、ともいうことができよう。このように考えると、二重譲渡的な処理がされるべきだ、ということになる。

　以上のような形式的議論（形式論）——乙丙いずれを勝たせるのが妥当かという実質的な議論（実質論）とは異なり、条文の解釈・適用の可否を問題にする議論（法律論ともいう）——だけでは、きめ手を見出すことができない。

●**実質論と形式論**　それなら、当面の場合において、実質論を試みるとどうだろうか。

　第1に、乙が甲からまともに買った場合でも、登記がなければ丙に対抗できないのに、他人（甲）の不動産をただでとりあげたような場合に、登記なしで丙に対抗できるのではバランスを失する。乙が「ただでとりあげ」る根拠については144条（時効の効力の遡及）を参照されたい。

　第2に、もともと時効取得などということは感心したことではなく、したがって、時効取得者は厚遇されるべきでない（このような時効観には必ずしも一致はみられないが、さしあたっては、このような時効観をとっておく）と考えるなら、乙はせいぜい一般並みの待遇を受けるべきだ（未登記では丙に対抗しえない）ということになろう。

第3に、時効取得した乙も、登記を備えようとすれば、甲から買った場合にとる方法（その方法については60頁参照）を用いることによって目的を達しうるのに、それを怠っていたのであれば、不利益を受けても仕方がない。

　第4に、権利の存在を占有（土地の場合なら耕作することなどによって、現実に支配すること）によって公示するよりも、登記によって公示する方がいっそう確実であって、権利の公示、ひいては取引の安全の確保にとって望ましい。

　このように考えてくると、結論としては、乙を敗れさせることが妥当なところだ、といえそうである。

　次に、この結論（実質論における結論——未登記の乙は丙に対抗しえない）を、それがあたかも条文から導かれたかのように説明しなければならない。つまり、実質論における結論を、条文を根拠にして正当化する必要がある（そうでなければ法律による裁判をしたことにならない。法解釈学を勉強するひとつの大きな目的は正当化の技術を学ぶことにある）。そのための説明、議論が、実は先にふれた形式論なのである。そうして、先にふれたように、形式論じたいとしては複数あるけれども、乙は丙に対抗しえないという結論を説明するためには、それなりの形式論を採用しなければならないことはいうまでもない。当面の問題に即していえば、乙丙間の関係は二重譲渡の関係に類似した関係としてとらえられるべきであり、したがって177条が類推適用され、よって乙は丙に対抗しえない、ちなみに、同条は広く「物権の得喪」と規定しており、意思表示にもとづくそれと限定しているわけではない、ということになろう。

　要するに、設問における乙丙間の関係は、当然に、二重譲渡的に処理されるべきだということになるのではなくて、逆に、二重

譲渡的に処理されるのが妥当だからというので、その説明として、乙丙間の関係は二重譲渡の関係に類似した関係だといわれるのである。実質論によってえられた結論を、形式論によって説明するのである。もし実質論において、乙を勝たせるべきだという結論を採用するのであれば、形式論としては、乙丙間の関係は二重譲渡の関係に類似した関係とはいえない、ということになろう。

●**実質論と形式論は　車の両輪**　法律の議論をするにあたっては、実質論と形式論とを意識的に一応分けて論じると考えやすい。そうして大事なことは実質論、形式論の両方を試みなければいけないということである。

　第1に、実質論だけで終わってしまったのでは法律の議論にならない。試験の答案としても合格点はもらえない。確かに実質論を試みるだけでも、必ずしもたやすくはない。実質論とは、たとえば乙を勝たせてはまずいとかいうことで、それくらいのことなら、法律の素人にでもできるなどというなかれ。実質論を試みるにあたっては、特に類似のシチュエーションについての法的処理とのバランスに配慮しなければならず、そのためには、それに関する判例・学説の動向をしっかりとらえていなければならない。たとえば、時効取得を第三者に対抗するにあたって登記を必要とするかどうかをめぐる実質論として、先に挙げられた4点のいずれにしても、法律の専門家にしてはじめて気づくことであって、法律の素人には期待しえない。このように、実質論を試みるにあたって、法律（判例・学説を含む）を忘れたり、無視したりすることは許されない。往々、実質論は法律の素人にでもできるとか、実質論を試みるさいには法律から離れよとかいわれるけれども、これらはミスリーディングな表現であり、むしろ誤りである。ともかく実質論だけで終始したのではいけない。せっかく法律を勉

強する（した）からには、実質論で得られた結論を、形式論でもってジャスティファイしなければならないのである。

　しかし第2に、逆に形式論だけに終始したのでは説得力を欠く場合が非常に多い。なぜ形式論Aが採られるべきで、形式論Bが採られるべきでないのか、きめ手を欠くことが多いのである。所有権を時効取得した乙と売買によって所有権を取得した丙との関係は、二重譲渡の場合における乙丙の関係と類似しているとも、類似していないともいえるのであって、いずれともきめられない。探せばどこか似ているところは見出せるし、異なるところも見出せるものなのだ（このことは、法律の解釈の仕方を論じた章において、既にモンテーニュが指摘していたことである。同『エセー』(6) 原二郎訳〔岩波文庫〕121～122頁参照）。形式論じたいから、こちらの形式論がどうみても採用されるべきだといえるならいいが、そうはいかない場合が多い（水かけ論に終わる場合が多い）。そういう場合には、実質論を検討して、実質論のレベルでこういう結論が採用されたから、それを説明するためには、形式論Aが採用されるべきだ、ということになる。そういわれると、なぜ形式論Bではなくて形式論Aが採用されねばならないかが了解できるのである。

　第3に、実質論さえ的を外れていなければ、形式論はそれほど重要でなく、いってみればつけたしである、などと軽く考えてはいけない。実質論から得られた結論が、判断する人の好みや思いつきによるものではなくて、客観的なものとして条文から導き出されたもので、だれが判断しても、同じ結論にならざるをえないのだ、というような形式論がたてられねばならない。少なくとも、それに向かって最大限の努力が払われなくてはならない。黒を白といいくるめたり、明らかに論理矛盾を犯したりするのでは形式論としてなっていないわけである。

●**間然するところなき形式論を**●　　形式論の理想は、具体的な条文（たとえば、一般条項といわれる1条3項、権利濫用禁止法理のような内容のあいまいな条文ではなくて、要件のはっきりしている条文）を大前提におき、問題の事実関係を小前提として、三段論法によって結論（実質論のレベルで採用されたそれ）を導き出すという形がとれることである。そうなれば、結論にたとえ不服であっても、どうしてもそうなるのだから仕方がない、ということになる。まさに、つけ入るすきがない（間然するところがない）形式論とはこのことである（論語にいう、「子いわく、禹は吾れ間然することなし」泰伯第八、を想起せよ。大審院の判決文にも時々「間然するところなし」などといわれているが、おそらく論語を想定しているのであろう）。この「間然するところのない」形式論（いってみれば有無をいわせず、承服せざるをえないというふうにもっていく論法）をやれるようになることも、法解釈学を勉強することの大きな目的のひとつなのである。

　実質論と形式論については、まだ述べるべきことがあるが後に再説することにして（136〜138頁）、この段階ではこの程度にとどめておく。

●**目的物がきず物であったときは**　　以上長々と、売買のいわばノーマル・コースをたどってきた。売主側にしろ買主側にしろ、売買契約上の債務を履行し終れば、契約をしたかいがあったというものである。ところが、そうはうまくいかない場合があるのだ。売買の目的物がきず物であったような場合がそれである。そういう場合には、買主が黙っているはずはまずなく、ここに売主との間に紛争が起きることになる。債権法改正以前は、これを売主担保責任の問題と呼んでいた。この問題は、もはやノーマル・コースに位置づけるのは無理で、債務不履行と関連づけて後に説明することにしたい（特に152頁以下を参照）。

●債権譲渡　　二重譲渡の話をしたついでに、債権譲渡にふれて
おこう。これまで用いてきた例をここでも使用す
ると——売主甲が買主乙に対して、建物の売買代金債権 f（金額
1000万円）をもっているとして、その弁済期が到来しないうちに、
甲が資金を必要とするので、f を丙に900万円で売ったとする
（f についての売買契約を原因として、f を譲渡したわけである）。そうす
ると丙は、f の弁済期に乙に対し1000万円を請求し、それに応じ
て乙がきちんと支払えば、差額100万円をもうけることになる
（下図を参照されたい）。債権譲渡は、実際にもしばしば行われてい
る（債権の譲渡性は原則として認められる—466条1項）。

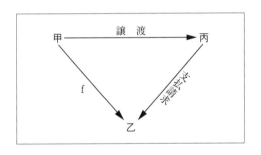

債権譲渡についてとりわけ注意すべきは、債権譲渡が甲丙間で
行われてしまい、乙にはわからないということである。何も知ら
ない乙としては、債権者は従前と同じく甲だと思い、甲に支払う
かもしれない。その後に、丙がやってきて請求されたのでは、乙
としては困る（甲に対する支払が債権の受領権者としての外観を有する者
に対する弁済として有効視されるなら別だが、常に有効視されるとは限らな
い—478条参照）。そこで、指名債権——甲の乙に対する売買代金債
権のように、債権者が特定されている債権をいう（銀行預金債権や
貸金債権などもこれに属する。手形、小切手などに表章される証券的債権に

対して普通の債権のことをいうといってもよい）──の譲渡は、譲渡人甲から同債権を丙に譲渡したという事実について債務者乙に通知するか（甲が自己の代理人により通知することも有効と解するのが通説である）、それとも、乙が甲または丙に対して譲渡を承諾する（甲から丙への譲渡がされたという事実を乙は知っていると表明することであって、その譲渡を望んだとか、それを許可するとかいうことではない。権利者甲が自己の権利を処分するのに義務者の希望だの許可だのは関係がないし、必要でもないはずである）のでなければ、譲渡がされたことを乙に対抗しえない（467条1項）。だから、乙にしてみれば、譲渡の通知を受けず、承諾もしなかったのであれば、丙から支払の請求を受けても、甲から丙への譲渡がされたことを自分（乙）としては知らなかったと主張して、丙の請求をしりぞけることができる。

　乙が通知を受けるにしろ、承諾するにしろ、要するに乙がfの譲渡された事実を知ることが、このように重要視されているのは、fの譲渡について乙が何も知らないでいると、もはやfをもっていない甲に支払うことになるかもしれないので、そういうことにならないようにするためであるが（これについては先に述べた）、そのほかに、甲からfをXが譲り受けるような場合に、乙がXに対して情報を提供することができるようにするためでもあるのだ。というのは、こうである。これから譲り受けようとするXにしてみれば、問題のfは果してまだ甲の債権としてあるのか、既にだれか（たとえば丙）が譲り受けているのではないのか、を知りたいわけである。そこでXとしては、乙に対して問い合わせて（これからXに譲渡しようという甲に問い合わせても必ずしも信用できない）、情報を入手しようとする。そしてそれに的確に応答するには、乙がfの譲渡された事実を知っている必要がある。債権譲渡の乙への通知、または、債権譲渡についての乙の承諾がなければ、債権

譲渡をもって乙に対抗しえないとされていること（467条1項）の立法趣旨は、このようなところにあるわけである（いってみれば、債務者乙をして債権譲渡の事実についてのリファレンス・サービスセンターたらしめるのである）。

　実は、乙がｆの譲渡されたことを知ることは、よいことばかりとは限らない。特に、何も知らなかった乙に対して、甲がわざわざ通知をして、ｆを譲渡したことを知らせるのは、甲は今や債権を譲渡しないといけないくらい財政的に追いつめられているのではないかという風評を、乙を通じて広く世間に広めさせることにもなり、甲としては不本意なことである。甲がたとえばメーカーであったような場合に、同種の風評が広まって、原材料の納入を断られることになれば、甲の命取りになりかねない（これを風評被害、reputation risk という）。そこで、甲が債権を丙に対して譲渡したことを乙が知る頻度を減らす工夫をこらした特例が認められるに至った。これについては、債権譲渡の対抗要件の「特例」として、ごく簡単にではあるが後に触れる（74頁参照）。

　債権譲渡の通知や承諾については多くの難問があるが、それらについては立ち入らず、ここでは、乙が債権譲渡の通知を受けた場合について一言するにとどめる。この場合には債務者乙は、その通知を受けるまでに譲渡人甲（もともとの債権者）に対して生じた事由を譲受人丙に対抗することができる（468条1項）。たとえば、通知を受けるまでに、乙が甲に対して、同時履行の抗弁権（533条）を取得していたような場合には、債権譲渡の通知を受けたからといって、とたんにこの抗弁権がなくなって、乙は丙に支払わなければならなくなることはない。乙がもっていた同時履行の抗弁権（これによって乙は甲の支払請求を拒絶しえた）が、乙の全くあずかり知らぬこと（甲→丙への債権譲渡）によって、当然に奪わ

れるのはおかしいからである。甲丙の御都合でもって債権譲渡を
おやりになるのはいいけれども、だからといって、それ以前から
存在している局外者乙の立場を不利にすることは当然には許され
ない（乙は同時履行の抗弁権を丙に対して援用し、丙に対する支払を拒絶
することができる。この抗弁権は上にいう「生じた事由」にあたるわけであ
る）。債権譲渡とはその債権を同一性をもって譲渡すること、つ
まりもともとの状態のままそっくり譲渡することであって（債権
者だけは変わるが）、債務者は有利にも不利にもなってはならない、
などと説明されるのはこのことをさしているのである。

●**債権の二重譲渡**　ところで先にふれた不動産の二重譲渡と関
係があるのは、これから述べる方なのであ
る（下図を参照されたい）。甲が f を、一方、丙へ譲渡し、他方、丁
へも譲渡した。いったい、丙丁のいずれが f についての新しい権
利者（債権者）になるのだろうか。不動産については登記という
公示方法が用意されているけれども、債権にはそのようなものは
ない。民法としては、丙丁の優劣を決する方法として、次のよう
な方法を用意している。

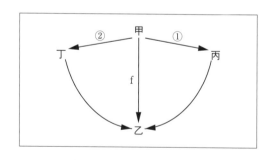

即ち、467条1項によると、丙が f を甲から譲り受けたことを
丁（第三者）に対抗するためには、先ほどふれた通知または承諾

が必要である。そればかりではない。同条2項によると、「前項の通知又は承諾は、確定日付のある証書によってしなければ、債務者〔乙〕以外の第三者〔丁〕に対抗することができない。」（かっこ内は筆者による）とされているのである。「確定日付のある証書」とは、たとえば内容証明郵便とか、公正証書とかのように、それに付される日付が確定されていて、勝手に変更する（とりわけ日付を遡らせる）ことができないようになっている証書のことである。このような「確定日付のある証書」を用いて、通知または承諾がされないと、丙としては——乙に対抗しえても<small>（同条1項）</small>——丁には対抗できないのだ。このように、債権についても、あたかも不動産の場合とパラレルに、「対抗」「優劣決定」が問題になるのである。

　それでは、甲→丙、甲→丁いずれの譲渡についても、「確定日付のある証書」によって通知がされた場合には、確定日付の先後によって優劣をきめるのか、それとも、通知が現実に乙に到達した時点の先後によってきめるのか<small>（債務者をリファレンス・サービスセンターたらしめるという先に紹介した立法趣旨からすると、後者を肯定すべきことになりそうである）</small>、現実に到達した時点の先後によるというのなら、もし通知が同時に到達した場合には、丙丁はいずれが優先するのか、それとも、そういう場合は丙丁とも対等に扱われて、 f （1000万円）を二等分することになるべきなのか。丙丁の優劣をめぐっては、た・と・え・ば・このような問題があり、判例・学説のとりあげるところとなっている。この問題は難問であって、ここで立ち入るのは適当でなく、債権法の講義に譲っておく。

　この場を借りて一言しておこう。467条1項は乙（債務者）に対する債権譲渡の「対抗」と第三者に対する同じく「対抗」とを区別することなく、いずれについても「対抗」と表現している。

　しかし、後者の「対抗」は同一の債権 f の帰属を争う丙対丁の関係（相容れない権利変動の優劣決定の問題）であるのに対し、前者の「対抗」は新債権者が乙に支払を請求しうるかどうかだけの問題でしかない。同じく「対抗」といわれても、意味が大きく異なることに注意されたい。

●債権譲渡の制限　　甲乙間で契約をして、債権者甲は債権 f を譲渡しないこととする（譲渡禁止）、または、譲渡するには債務者乙の承諾を必要とする（譲渡制限）ととりきめることも認められる（契約自由）。債権法改正前は、これらのとりきめは債権譲渡禁止特約と呼ばれていたが、同改正により、まとめて「譲渡制限の意思表示」と呼ばれることになった（466条2項）。

　債権は原則として譲渡することができると定められているのに（466条1項本文）、当事者甲乙間で譲渡制限の意思表示（以下これを α と略記することが多い）をするのにはどういう必要があるのだろうか。これまでは、国・地方公共団体・銀行が α の利用者の多

くであった。たとえば銀行についていうと、預金者甲の銀行乙に対する定期預金債権に α が付されていた（預金通帳・定期預金証書には、α が小さな活字で印刷されていた）。おそらく、こういう状況は今後もほとんど変わるまい。

　考えてみるに、f が金銭債権だとした場合、乙にすれば、だれが債権者になろうと、弁済期には支払わなくてはならないのだから、債権譲渡を制限する必要はないようにみえる。しかし、甲から丙への債権譲渡が実は無効であったにもかかわらず、乙が丙に対して支払うなどの事故を未然に防止するには、あらかじめ譲渡を制限して、丙がそもそも出現しないようにするのがよい（乙が丙に支払ってしまってから、債権の「受領権者としての外観を有するものに対してした弁済」（478条）による救済を求めるのではない。この救済はその要件＝無過失必要に照らして、乙にとって不確かだから。30〜31頁参照）。これ以外にも譲渡を制限するメリットとしてかねてから挙げられてきたポイントがあるが（たとえば、預金債権を譲り受けたと称するやくざ者が銀行の店舗に出入りすることを未然に阻止する）、それらが果してメリットといえるかということも含めて、本書では立ち入らない。

　ところで α の付された債権 f を甲が丙に対して敢えて譲渡した場合に、その債権譲渡の効力はあるのかないのか。これについては、債権法改正前は有効説（α についての債権的効力説）、無効説（同じく物権的効力説）とに分かれ、判例・通説は無効説とみられていたが、同改正により有効説が採用された（466条2項は「債権の譲渡は、その効力を妨げられない。」と明示している）。債権（特に金銭債権）の譲渡に対する需要が増大している昨今の経済状況にかんがみ、これは妥当な決着であったと私には思える。

　それにしても（丙は α 付き f を有効に譲り受けることになるにしても）、

丙が譲受時に悪意（α付きのことを知っていた）、または、「善意であっても善意であるについて重大な過失」（以下まとめて重大過失という）があった場合には（ほんの少しの注意を怠って、ほとんど悪意と同然といえるような場合を思えばよい）、乙は丙に対して債務の履行を拒むことができ、かつ、甲に対する弁済その他の債務を消滅させる事由をもって丙に対抗することができる（466条3項）。

　ことがこのようにスムーズに運ばなければ、丙が乙を被告にして、譲り受けたｆの履行を求めて訴えることになろう（その場合には、丙は少なくとも乙に対して支払を請求できる対抗要件を具備して臨むであろう―467条1項）。その訴訟において、丙の悪意または重大過失の立証は乙の負担となると解すべきである。α付きｆの譲渡も有効とされるからには（466条2項）、こうした丙もｆを有効に譲り受けたはずで、その丙に対して乙がクレームをつけて丙への履行を拒もうというからには、拒めるだけの理由（丙の悪意または重大過失）の立証を乙が負担するのが筋であって、その立証に成功しない場合には、乙は敗訴することになる。α付きｆの譲受人丙が乙に対して保護されるのは、丙が譲受時にα付きのことに善意無重大過失であった場合に限られる（善意無過失・同軽過失の場合はもとより保護される。重大過失・軽過失・無過失の区別は微妙な場合があろう）。といっても、上述した立証負担のことを考えると、乙の立証が功を奏せず（裁判官の納得を得られず）、結果として丙が勝訴する場合が多いだろう。

　もっとも、乙の立証が成功して、丙は悪意または重大過失との認定が裁判官によってされた場合でも（この場合には乙は丙に対する債務の履行を拒むことができる―466条3項）、なお丙が乙に対して保護される場合がある。即ち、乙が債務を履行しない場合において、丙が乙に対して相当の期間を定めて甲への履行を催告し、その期

間内に履行がされないときは、そうした乙については466条3項の規定を適用しない（466条4項、乙は丙に対して債務の履行を拒むことはできなくなる）。悪意または重大過失の丙といえども、債権の譲渡自体は有効で、丙は新債権者となったはずだから、せめて466条4項の定める保護を丙に認めることが穏当なところだろう。

こうみてくると、α付きf（金銭債権）が甲から丙に譲渡されると、乙としては丙に支払ってよいものかどうか調べなくてはならなくなる。この手間は乙にとって煩わしいので、乙に供託させるという便法が債権法改正により認められた（466条の2）。即ち、乙はその債権が譲渡されたときは、その債権の全額に相当する金銭を債務の履行地の供託所に供託することができる（同条1項）。供託をした乙は、遅滞なく、甲および丙に供託の通知をしなければならず（同条2項）、供託された金銭は、丙に限って、還付を請求することができる（同条3項）。

補足として2点追加しておこう。その1——譲渡制限付債権に対する強制執行をした差押債権者（もっというと、甲に対する債権者丙が同債権を差し押え、民事執行法159条・160条による転付命令により強制譲渡を受けた場合を想定せよ）に対しては、466条3項は適用されない（466条の4第1項）。このような丙はその善意悪意・無過失か軽過失か重大過失かを問わず、乙に対して保護される。私人間の合意（αというとりきめ）をすれば、債権者の善意悪意、過失の程度いかんで強制執行の効力が左右されることになるというのは強制執行秩序になじまないからである（これは債権法改正前における判例・通説でもあった）。

強制執行秩序のこうした尊重にも例外が用意されている。466条の4第2項がそれである。即ち、甲乙間のα付きのfを甲から譲り受けた丙（α付きについて譲受時に悪意または重大過失であった）

には債権者丁（たとえば貸金債権者）がいて、この丁が丙が譲り受けた α 付き債権（これは丙の財産である）に強制執行した場合には、乙（債務者）はその債務の履行を拒み、かつ、甲に対する弁済その他の債務を消滅させる事由を丁に対抗することができる（466条3項が乙・丁に適用されることに帰着する）。乙としては、丙に対しては債務の履行を拒み、かつ、上記の事由を対抗できたはずなのだから、いかに強制執行を介したとはいえ、丙の地位を承継したといえる丁に対しては、乙は丙に対して主張しえたことを丁に主張できてしかるべきだ、というのであろうか。民訴学者を含めた議論の掘り下げを待とう。

その2——預貯金債権について当事者がした譲渡制限の意思表示は、466条2項の規定にかかわらず、その譲渡制限の意思表示のされたことを知りまたは重大過失によって知らなかった譲受人その他の第三者（たとえば質権者—筆者注）に対抗することができる（466条の5第1項）。この場合の債務者乙としては銀行を念頭におけばよいだろう。

さて、もし466条の5第1項が規定されなかったとすると、466条2項および3項が預貯金債権にも適用され、同債権の譲渡は α 付きであるにもかかわらず有効とされ、譲受人丙は新債権者となり、債務者乙に対し債務の履行を請求できることになるが（そのさい、丙が乙に対する債権譲渡の対抗要件を具備していることが前提になる—467条1項）、これに対し、乙が、丙が債権譲受時において、α 付きのことにつき悪意または重大過失であったことを立証することにより（立証負担は乙にある）、乙は丙に対する債務の履行を拒むことができることになる（乙としては丙による対抗要件具備以前の問題として、α にもとづいて、悪意または重大過失の丙による債権行使を拒むことになる）。こうみてくると、466条の5第1項を設ける必要があっ

たのだろうか。

　考えてみるに、466条の 5 第 1 項で「466条 2 項の規定にかかわらず」と断ったことにより、α付き債権の譲渡は無効だという立場を表明しているのであろう。そうだとしたら、丙はα付き債権について無権利者であるから、乙は丙のα付きについての善意悪意、重大過失・軽過失・無過失の区別なく、α付きを丙に対抗して債務の履行を拒むことができるはずである。ところが、同条項後段によれば、(イ)乙はα付きについての悪意または重大過失の丙に対してはα付きを対抗できるが（丙に対して債務の履行を拒める）、(ロ)その反面において、乙はα付きについて無重大過失の丙に対してはα付きを対抗できない（丙に対して債務の履行を拒むことができない）と読め、この限りで無権利のはずの丙も乙に対して保護されることになる。α付き債権の譲渡は無効だというのであれば(イ)は当然のことであって、より有意味なのは(ロ)であり、466条の 5 第 1 項の存在意義はまさに(ロ)にあるというべきで、もっというと、この(ロ)を言いたいがために466条の 5 第 1 項は規定されたとすらいえそうである（それならそれで、もっと正面から表現した方がよかったのではないか）。

　466条の 5 第 1 項の本命は上記(ロ)にあるのだとすると、丙は f の譲受時においてα付きについて無重大過失であったことを立証しなければならない（無権利者である丙が特に救済されるには、丙の方で無重大過失を立証すべきはむしろ当然である）。それが成功しなければ（訴訟になった場合に裁判官を納得させることができなかったならば）、丙は乙の債務の履行拒絶に服するほかはない。こうして預貯金債権について譲渡制限の意思表示が付された場合には、上記の立証負担という壁により、多くの場合には乙（銀行）の勝訴に終わることになろう。そしてこれこそが、今回の債権法改正、466条の

5第1項新設の目的であったのであろう（預貯金債権に対して強制執行をした差押債権者の処遇については466条の5第2項を参照、これは一般債権に対する466条の4第1項と同旨である）。

●**将来債権の譲渡**　466条の6第1項によれば、「債権の譲渡は、その意思表示の時に債権が現に発生していることを要しない。」と定められている。これは未発生の債権（将来発生する債権）の譲渡契約の効力を認めたもので、従前から判例・通説により認められてきたところを、債権法改正を機会に明文化したものである。比較的多くみられるのはメーカー・商社が有する将来発生する売買代金債権や医師が有する将来発生する診療報酬債権（その債務者は「社会保険診療報酬支払基金」）が（これらの債権はいずれも複数個となるのが普通である）、これらの者に融資をしてくれる債権者に対して、担保として、譲渡されるケースである。

　将来債権が譲渡された場合には、その債権はまだ発生していないので、譲受人はその債権を取得するわけにいかず、将来発生した時点で、その債権を当然に取得することになる（466条の6第2項―「当然に」というのは改めて譲渡契約を要しなく、かつ遡らないで取得するという意味であろう。詳細は将来の議論に待ちたい）。

　将来債権の譲渡は有効とはいうものの、そこに何か限界はないのか（何年先の将来債権の譲渡も認められるのか。特定のメーカーの将来の売買代金債権を根こそぎ譲り受ける契約にも限界はないのか等々）、将来債権の譲渡は有効だというのであれば、譲渡（といっても強制譲渡というべきだが）の前提となる差押え（税務署によるそれを含む）も認められてよいのではないか、という疑問も浮かんでこよう。本書ではここでとどめておく。

●契約上の地位の移転　債権譲渡についての解説は以上で終え、この場を借りて、契約上の地位の移転について簡単にふれておく。

　債権法改正により新設された539条の2によれば、たとえば不動産売買契約の売主甲が第三者（丙、買主乙以外の者）との間で、売買契約上の売主としての地位を譲渡する旨の合意をした場合に、その売買契約の相手方買主乙がその譲渡を承諾したときは、売主としての地位は丙に移転する。この売買契約からは、甲乙間の特約による債権債務を含めて、複数個の債権債務が発生する（甲は乙に対し、乙は甲に対し、それぞれ債権も債務も、それも複数個を取得・負担するのが普通である）。ここでの例では、甲はこうした対乙債権債務を全部まとめて丙に移転すること（債権譲渡も債務引受もともにする）を丙との間で合意したのである。

　乙にしてみると、これから新しく契約の相手方となる丙はどういう人物か、特に甲が乙に対して負担していた債務をきちんと履行してくれるのか（たとえば売主の買主に対する登記移転債務の履行に協力的かどうか）は心配なところだ。だから同条は乙の承諾を必要とすることを定めているのである（契約の相手方がいるのに、その者に無断で第三者と入れ替わってしまうのは、そもそも不誠実ではないのか）。

　一般論としては、同条の定めているところはよくわかる。しかし契約といっても種類は多く、契約次第によっては同条とは異なる扱いをすることが、問題の契約当事者の利益状況に適することもあろう。たとえば不動産の譲渡人（所有者）が賃貸人であるときは、その賃貸人たる地位は、賃借人の承諾を要しないで、譲渡人と譲受人との合意により、譲受人に移転させることができる（605条の3第1文。もっとも、譲受人が新賃貸人としての権利を賃借人に対して行使するには、たとえば賃料支払を請求するには、目的不動産につき所

有権移転登記をしなければ賃借人に対抗できない―同条の第2文による605条の2第3項準用）。これは従前からの判例・通説を明文化したものである。賃貸人の賃借人に対する債務は賃貸物修繕義務（606条1項本文）くらいの、一般的には個性の薄い義務がせいぜいのところだから、その移転に賃借人の承諾不要という処理でもよいだろう。他の種類の契約についても、契約上の地位の移転が問題になることはあるが、本書では立ち入らない。

　念のため付言すると、契約上の地位の移転により、たとえば、債権譲渡がされたが、その債権の帰属をめぐり譲受人と第三者との間で争いが起きた場合には、債権譲渡の第三者対抗要件具備の先後できまる（467条）。これくらいで打ち切っておく。

第 II 章

契約が履行されなかった
ときの法的処理

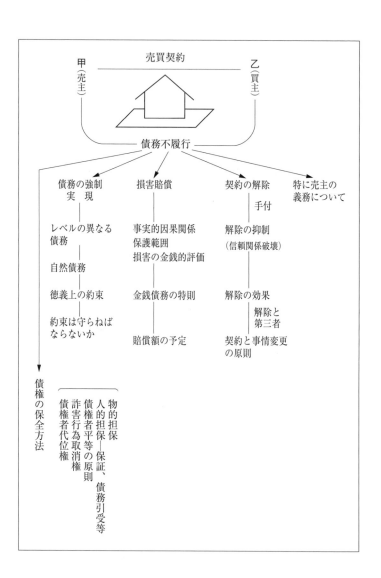

売買契約

甲（売主）　　　　　　　　　　　　　乙（買主）

債務不履行

債務の強制
実　現

損害賠償

契約の解除
手付

特に売主の
義務について

レベルの異なる
債務

事実的因果関係
保護範囲
損害の金銭的評価

解除の抑制
（信頼関係破壊）

自然債務

徳義上の約束

金銭債務の特則

解除の効果
解除と
第三者

約束は守らねば
ならないか

賠償額の予定

契約と事情変更
の原則

債権の保全方法

物的担保
人的担保─保証、債務引受等
債権者平等の原則
詐害行為取消権
債権者代位権

契約が成立したからといって、契約にもとづく債務が常にきちんと履行されて、契約が目的を達成するとは限らない。契約不履行をめぐってごたごたが起きることは、よくみられるところである。そういう場合の法的処理はどうなのか。これからこの問題をとりあげる。以下では、売主甲がその所有する建物を買主乙に代金1000万円で売ったという事例を用いることにする。

読者は、これからの解説を読み進められるにあたっては、前頁に掲げる図表を適宜参照していただきたい。

●**債権者のとる**
３つの方法
債務者が契約にもとづく債務を任意に履行しない場合には、債権者としては、第１に、せっかく契約を締結したのだから、問題の債務を本来の内容どおりきちんと実現させる（債務の強制実現とか履行請求権の強制実現とかいわれる）。第２に、それに代えて、あるいはそれとともに、不履行によって生じた損害を賠償させる。以上いずれの場合にも、双務契約においては、自分の負担している債務はきちんと履行しなければならない。不履行の相手方をこれらの方法によって責めるだけでは済まないのだ（たとえば、甲が建物を引き渡さない場合に、乙が引渡し遅滞による損害賠償を請求するにしても、乙は代金債務を免れない。実際には相殺によって処理されることが多いであろうが）。最後に第３に、契約を解除して（損害が生じていれば賠償をも請求して）、らちのあかない債務者との契約関係を解消してしまう（そうすることによって、債権者としても自分の負担していた債務を免れる）。債権者としては以上の３つの方法のうちいずれかを選択するであろうし、実際にもそうしている。これらの３つの方法について順次とりあげていこう。

●**債務の強制実現**
たとえば、売主甲が売買の目的物である建物を10月１日に引き渡すと契約しておきな

がら、その日を過ぎても引き渡さないで居すわっている（占有継続）としよう。このような場合に、乙としては国家機関（裁判所、執行官）の助けを得たうえで、甲の意思を無視し、建物の占有を奪い、乙に対して引き渡させることにより、甲の債務を強制的に実現させることになる。これを強制執行といい（414条1項本文）、より端的には直接強制という（広く「強制執行」というときには直接強制のほかに、たとえば間接強制などの方法が含まれる。債権者としては直接強制をしないでいきなり間接強制を申し立てることもできる。間接強制の仕方については民事執行法172条・173条参照。これ以上は本書では立ち入らない）。

　ところで、国家機関の助けを得て、甲を無理やり追い出すといっても、それなりの手続を踏んでしなければならないが（乙は甲を被告として、建物引渡し請求訴訟を起こして、乙勝訴の判決が確定した後に、この判決を強制執行の根拠＝債務名義として、甲に対して執行する、というのが、最もオーソドックスなやり方である―民事執行法22条・25条・26条・29条参照）、その手続（特に強制執行の手続）は民法の規定するところではなく、民事執行法に規定されているのである（当面の事例でいえば、執行官が債務者甲の建物に対する「占有を解いて」債権者乙に「その占有を取得させる」、まさに直接強制するのである―同法168条1項参照）。

　それなら逆に、買主乙が、代金支払期日は10月1日ととりきめられているにもかかわらず、いっこうに支払おうとしない場合には、売主甲としてはどうしたらよいだろうか。この場合にも、債権者甲としては直接強制によって、代金債務の強制実現をはかることになる。乙がする強制実現について先にふれたと同様に、甲は、代金債務の強制実現をはかるには、それなりの手続を踏まねばならないが（甲は乙を被告として、代金請求訴訟を起こして、甲勝訴の

判決が確定した後に、その判決を債務名義として、乙に対して執行する、というのが、最もオーソドックスなやり方である）、その手続（特に強制執行の手続）は民事執行法の規定するところである（当面の事例でいえば、債務者乙の所有財産たとえば不動産を差し押えて処分を禁止したうえで、売却して金銭に換えて、それを債権者甲への弁済にあて、残りがあれば乙へ返す。これを換価・配当手続という。たとえば、民事執行法45条・60条・78条・79条参照。不動産については売却のほか、強制管理という方法もあるが、立ち入らないことにする）。

　このようにして、甲または乙は債務の強制実現をはかることになる。ここで4点ほど補足をしておこう。

　第1に、強制実現をしたからといって、それでもなお損害があれば（たとえば乙が建物の引渡しを遅れて受けたことにより受けた損害、具体的にいうと、その間に乙がしかるべき賃料を支払ってアパートを借りたことによる賃料相当分のごとし）、その賠償請求が許されるし（414条2項）、さらには、そもそも強制実現はしないで、それに代えて損害賠償を請求することも許される（415条1項、もっとも、ただし書がおかれているが、ほとんどの場合にはその適用は認められないだろう）。

　第2に、損害賠償の請求については、それなりの要件が規定されており、それについては後にとりあげる（110頁以下参照）。そのような要件がみたされたと前提して、その損害賠償（金○○円）を債務者が任意に支払わない場合には、債権者は損害賠償請求について債務者に対する債務名義を取得して、損害賠償債務の強制実現をはかることになる（その方法は、甲が乙に対してする代金債務の強制実現について先にふれたところと同様である——金銭債務の強制実現）。

　第3に、直接強制をも含めて債務の強制執行（直接強制以外の強制執行の方法については本書では省略しているが）については、後にとりあげる損害賠償の請求とは異なって、債務者の帰責事由（さし

あたっては「故意または過失その他信義則上これと同視すべき事由」と思っていればよい）を必要としないと解されている（414条にも帰責事由その他これに類した用語は見当たらない）。契約上Ａという債務が発生しているのなら、その不履行による損害賠償を請求する場合はともかく、そのＡじたい（まさに本来の債務そのもの、債務者としてその実現を当然覚悟すべきである）は、債務者に帰責事由があろうとなかろうと、実現されて当然であって、もし債務者に不履行についての帰責事由がなければ、ＡをＡとして実現させることができないというのでは、債権の効力があまりに弱すぎ、妥当でないからである。損害賠償請求となると本来の債務そのものとは異なる行為を請求するわけだから、要件が加重されて仕方ないともいえ、帰責事由が必要となるともいえよう（415条1項ただし書からそのことがうかがえる。419条3項は別である）。

　第4に、債務者が債務を任意に履行しない場合には、債権者は常に直接強制をも含めて強制執行に訴えることによって、本来の債務の内容を実現することができるのかというと、そうではない。債務によっては、債務者が自発的にその気になってくれてはじめて目的を達することができ、他人が代わってすることはもとより、債務者自身がするにしても、直接間接の圧力を受けて（たとえば、履行しないならば1日につき100万円を債権者に対して支払えと債務者に命ずることによって間接的に強制する——間接強制、民事執行法172条）、仕方なしにするのでは、債務の履行としての意味をなさない債務がある。たとえば、夫婦の同居する債務（752条）とか、文筆家が創作する債務などがそれである。夫のところへよりつかない妻を無理やり夫のところへ引きずっていくとかしても（そういう妻なら別れてしまえというべきか）、気分が乗らないといっている寺田寅彦に無理やりペンを持たせて、さあ早く書けといって書かせてみても、

いずれの場合も、結果はよくあるまい。この種の債務については、債務者が任意に履行してくれないかぎりは、債権者は——契約の場合に解除することを別として——本来の履行に代わる損害賠償を請求するしかない。その損害賠償を債務者が任意に支払わない場合には、債権者としては、債務者に対する債務名義を取得して、直接強制することになるわけである。

●債務にも段階 の違いがある 債務者が債務を任意に履行しない場合には、債権者はこれを訴えて、勝訴の判決が確定するのを待って強制執行することになるけれども（これがオーソドックスなルートである。勝訴の判決の確定以外にも強制執行が許される場合がないわけではないが、本書では立ち入らない。民事執行法22条5号参照）、債務のうちには、（i）訴えることはできるが強制執行は許されない債務（債権者と債務者の間に強制執行しないという合意がある場合）、あるいは、（ii）そもそも訴えることも許されない債務がある。これら両種の債務をあわせて不完全債務、（ii）の債務を自然債務と呼ぶ。問題の債務がいずれにあたるかは契約の解釈によってきまる。

●徳義上の約束— 法律の外の世界 ついでに、「徳義上の約束」「徳義上の債務」にもふれておこう。契約とか債権、債務とかいっても、それが常に法律上の効果を伴ったもの（ということは、不履行の場合には訴えられて強制執行までもされるということである）とは限らない。たとえば恋人とデートの約束（契約）をしていたが、つい忘れていて行けなかったとする（そういう大事な約束を忘れるようでは、本当は恋人ではあるまいなどと、とっさに切り返したら大したものである）。そうしたら翌朝、損害賠償請求の訴状が送られてきた、などということはよもやあるまい。これはほんの一例だが、社会生活上、われわれは種々の約束をするけれども、だか

らといって、それらの約束がことごとく法律上の効果を伴ったものであるとは考えも望みもしておらず、むしろ圧倒的に多くの場合には（特に家族構成員の間では。福沢諭吉『文明論之概略』〔岩波文庫〕157頁、丸山真男『「文明論之概略」を読む』㊥〔岩波新書〕268頁）、「法律」のことなどは全く考えず、約束の履行はもっぱら、情宜、礼儀、道徳、習俗に委ねているのである。このような約束を徳義上の約束といい、それにもとづいて生ずる「債務」を徳義上の債務という。これについては、そもそも法律上の債務ではないのだから、債務の履行そのものを求めて（またはそれに代わる損害賠償を請求して）訴えることは許されない。

　徳義上の約束にもとづいて物をもらった場合には、それは物をあげるという法律上の債務が履行されたのではなくて、そういう債務はそもそもなくて、ただ、徳義上の債務にもとづいて、その時（物を現実にもらった時）にのぞんで贈与がされたということになる。これに対して、先にふれた（ⅱ）の債務は法律上の債務であって（ただし訴えることは許されないのだから、徳義上の債務とほとんど違いはない）、債権者が債務者から（ⅱ）の債務にもとづいて物をもらった場合には、法律上の債務そのものが履行されたのであり、改めて贈与がされたわけではないということになる。

　問題の契約が徳義上の約束か、自然債務を発生させるのか、もっと進んで、普通の（法律上の）債務を発生させるのか、については、問題の契約を解釈してきめるほかはない。その解釈の方法は、契約の解釈方法にかかわっており、ここでは立ち入らない。

**●約束は守らねば
　ならないか**　　　往々にして、「約束をした以上は守らねばならない。守らなかったのであれば、訴えられても仕方がない」といわれる。しかし、どういうレベルで「約束は守らねばならない」のかが問題である。問題の約束が徳

義上の約束であったのであれば、法律上は守る義務はないし、守らなかったからといって、不履行の相手方を訴えることは許されない。この意味では、「約束は守らなくてもよい」ということになりそうである（情宜、礼儀、道徳、習俗をもち出せば別である）。これに対して、問題の約束が法律上の約束であったとなると、そうはいかないことは、読者も既に気づいておられるだろう。「約束は守らねばならない」という一見、当然のように聞える命題についても、その意味をよく考える必要がある。とりわけ、世の中の約束（契約）という約束（契約）をすべて、法律上の効果を伴った約束（契約）だなどと速断しないようにしていただきたい。

　債務者が任意に債務を履行しない場合（債務の履行が不能の場合を含む）には、債権者は債務不履行にもとづく損害の賠償を請求することができる（415条1項本文）。説明の順序として、債務不履行とは何かについて、まずふれなければならない。「債務不履行」といえば、先にふれた「債務の強制実現」に関しても問題になるわけだが、通常は損害賠償に関して問題とされるので、本書でもその例にならうことにした。

●**債務不履行とは**　債務不履行とは、債務者が債務の履行をきちんとしないことである。民法の用語を借りていうなら、「債務の本旨に従った履行をしない」ことをいう（415条1項本文前段）。債務不履行だとして損害賠償責任を問うためには、種々の要件（たとえば債務不履行が原因となって損害が発生すること）がみたされねばならないが、何といっても中心的な要件は、「債務の本旨に従った履行」がされないことである。同条1項本文後段では履行不能が挙げられているが、これが債務不履行にあたることは当然のことではないかと思える。

●債務不履行の3類型 債務の本旨に従った履行がされない場合として、通常は、次の3つの型が挙げられる。即ち、（ⅰ）履行不能（建物引渡し債務の目的物である建物が全焼してしまった場合など）、（ⅱ）履行遅滞（履行が可能なのに履行期を過ぎても履行がされないこと。約定の日に買主が代金を支払わないなど）、（ⅲ）不完全履行（一応の履行はあったが不完全な場合、履行にあたり必要な注意を欠く場合を含む。ワインの売買で引き渡されたワインが粗悪であったとか、家具の売主が約束の日時に注文どおりの家具を配達したが、引渡しのさい買主宅の壁を傷つけたような場合）、の3つである。

●帰責事由 債権法改正前の415条は、これらのうち、履行不能だけについて債務者の帰責事由（「責めに帰すべき事由」）を要することを条文上はっきりさせていたけれども、他の二者についても——それとの均衡などを考慮して——同様に解すべきだとされてきた（判例および通説による）。そしてその帰責事由とは、債務者の故意または過失その他信義則上これと同視すべき事由、と定式づけられてきた。「信義則上これと同視すべき事由」についてだけ一言すると、これにあたる例としては、債務者が雇っている店員がその故意または過失により「債務の本旨」に従った履行をしなかった場合を挙げることができる。そしてそのような場合にも、債務者は債務不履行責任を免れないとされた。即ち、債務者自身ではなくて、店員がその故意または過失により「債務の本旨」に従った履行をしなかった場合には、信義則上、あたかも債務者自身が故意または過失により「債務の本旨」に従った履行をしなかったかのように扱われるというわけである。いわゆる「履行補助者の故意過失」として論じられるのは、この問題である（他人の行為について責任を負わされるひとつの場合である。いわゆる使用者責任をきめている715条と一脈相通ずるところがある）。

債権法改正後の415条1項はそのただし書において、履行不能だけを特に取り出すことなく、債務不履行が契約その他の債務の発生原因および取引上の社会通念に照らして「債務者の責めに帰することができない事由によるものであるときは」債務不履行による損害賠償を請求することができないと定めている。これは債務者の帰責事由の必要、および、帰責事由の内容についての従前からの定式の実質的維持を明らかにしたのではないか。そして、帰責事由の成否の判断にあたっては「債務の発生原因及び取引上の社会通念に照らして」せよと従前よりも具体的に指示したのであろう。今後はこの具体的指示にあたるかどうかが争われることになろう。

　●消極的要件　　なお、ほかに消極的要件（それがみたされると、かえって債務不履行責任を不成立とするような要件をいう）として普通挙げられてきたのは、不履行が違法でないことである。これは履行遅滞の場合に問題となることが多い。即ち、債務者が一見、履行遅滞に陥っているようにみえても、実は、同時履行の抗弁権（533条）や留置権（295条）にもとづいて履行を拒絶している場合のように、不履行を違法でなくする事由がある場合には、債務不履行責任は成立しない。債権法改正によっても、このことに変更はないといってよいだろう。

　消極的要件としてもうひとつ挙げられるのは、債務者が責任能力を備えていないことである。つまり責任を問う以上は、問われる債務者には責任能力——問題の行為の結果、何らかの法律上の責任が生ずることを知ることができる程度の判断能力（不法行為につき定める712条参照）——があることが必要であって（たとえば重度の精神病者にはこれが備わっていない）、それを備えていない債務者には責任を問いようがないというのである。しかし、責任能力の

有無を問わず、債務者には債務不履行責任を問うべきだという見解もみられ、問題はなお今後に残されている。

「消極的要件」（効果を発生させないのになお要件と呼ぶ）というのはわかりにくい。積極的要件とでも呼ぶべき事由が備われば債務不履行責任は成立し、そのさい「消極的要件」が備わっていれば、同責任は結局不成立となる、つまり「消極的要件」は要件としてでなく、免責事由としてとらえる方が適当である。あたかも本文に対して、その除外例（ただしこの場合は除くというように）を定めるただし書にあたるというべきであろう。そして債権法改正後の415条1項ただし書は、その本文に対する免責事由を定めたものと受け取るべきものであろう。

● 立証責任　どういう要件がみたされれば、債務不履行となるかについては（債務不履行に共通の要件については）、ざっとみたところ、以上の説明に尽きる。これにもう少し肉づけを与えるために、説明を補足しておこう。本来なら、要件だけを挙げるにとどまらず、どの要件は債権者側で、またどの要件は債務者側で、立証すべきかについてまで言及すべきであるけれども（立証責任の負担、分配の問題──そもそも立証責任とは何かについての厳密な解説は民法、民事訴訟法の講義に譲る）、本書ではそこまで立ち入っている余裕はほとんどない（たとえば、債権者は損害発生、および、債務不履行と損害発生との間の因果関係、損害額について立証すべきものと解されるのが普通である。債務者の帰責事由の立証責任については後述する。これらのいずれについても、金銭債務については、重大な特則（419条）がおかれていることに注意すべきである。119〜120頁参照）。

● 債務の本旨とは　さて補足の第1は、「債務の本旨」とは何かということである。「債務の本旨」とは債務者のなすべきこととでもいうしかなく、何がそれにあたるの

かは、債務を発生させた原因（普通は契約）の解釈および取引上の社会通念に照らしてきめられる（415条1項ただし書参照）。より具体的にいうと、問題の契約によれば、こういう債務を負うとはっきりきめられているのだ（場合によっては法律上きめられていることがある。たとえば400条参照）、たとえはっきりきめられてはいないにしても、その契約の趣旨にかんがみ、および取引上の社会通念に照らしてみると、これこれの債務は当然負うといわなければならない、ということになるのである。

たとえば、建物を乙に売った甲としては、建物を引き渡し、かつ、登記の移転に協力しさえすれば（それ以外のことはしなくても）、それだけで売主としての債務の本旨にかなった履行をしたことになるといいきれるかというと、常にそうだとはいえない。「それ以外のことはしなくても」と述べたけれども、しなくてはいけない場合がある。建物が乙に対して引き渡されるまでは、甲としては十分注意して建物を保存しておかねばならないのはその一例である（400条）。売っておきながら、自分はただ引渡しさえしてやればよい、それまでに建物が傷つこうとどうなろうとしらない、というようなことではとおらないだろう。売主が引渡しまで十分注意して保存することは——法律の規定を援用するまでもなく——売買契約上むしろ当然のことではないか。売買契約上の債務として、そのような保存義務が含まれているというべきである。そうだとすると、甲が引渡しまで十分注意して保存することを怠ったとしたら、甲は債務の本旨にかなった履行をしなかったことになる。

あるいは、保存義務のような義務は付随義務としてとらえて、それなりの内容を与えればよく、「債務の本旨」の問題は、本来の給付義務（引渡し義務）についてだけ論ずればよいのだという考え方もある。いずれかといえば、今のところは、このような考

え方（「付随義務」というとらえ方をする立場）の方が多数説となって
はいるが、400条の文言「その引渡しをするまで」にかんがみて
たやすく同調できない。

● **3類型にはいらない債務不履行**　第2に、「債務不履行」というと、何とかのひとつおぼえよろしく、履行不能、履行遅滞、不完全履行、以上終わり、などといってはいけない。これらは、債務不履行の比較的ひんぱんにみられるパターンではあるが、これらのいずれにもはいらない債務不履行もある。

　たとえば、磁気テープの賃貸借契約においては、賃借人はそれを賃貸人に返還するまでは、十分注意して保存していなければならない（400条）。磁気テープをなくしたり、汚損したり、傷つけたりしてはいけないわけである。それなら借りた磁気テープを（なくしたり、汚損したり、傷つけたりはしないで）、約束の日時に、もとどおりのまま返すには返したけれども、その磁気テープに収められている情報（商取引上の重要な情報）が、借りている者の不注意によって他へもれていたとしたらどうであろう。磁気テープの賃貸借契約における賃借人の債務のうちには、情報が他へもれないように配慮する債務も当然に含まれているとみるべきである（そのような債務はもともと含まれてはおらず、せいぜい、磁気テープそのものを返す債務に付随する義務でしかないなどといわないで、端的に、契約にもとづいて当然生ずる債務だというべきである）。とすれば、賃借人の不注意が原因で情報がもれたのであれば、それこそ、賃借人は債務の本旨にかなった履行をしなかった、つまり債務不履行をしたことになる。

　その場合に、賃借人が情報をもらしたことは、履行不能、履行遅滞、不完全履行という3類型のいずれにはいるのだろうか。いずれにもはいらないとみるのが素直な見方であろう。磁気テープ

の情報源としての価値が減って、もとどおりの価値をもったものを返すことが不能になった、履行不能だといえなくもないが、そうまでして「履行不能」へ押し込める必要はない。

あるいは、使用者は被用者に対して給与支払義務を負うにとどまらず、被用者が職務を遂行するにあたって、被用者の生命および健康等を危険から保護するよう配慮すべき義務を負っている（判例、安全配慮義務）のであるが、使用者がこの義務に反した場合には、3類型のいずれにはいるのだろうか。いずれの類型にも素直には入れがたい。したがって、無理にいずれかの類型に入れないで、義務違反＝債務不履行があったといえばたりる。

さらに、不作為債務を考えてみよう。この土地には建物を建てないととりきめたような場合に、債務者が違約して建てたとする。債務不履行であることはもちろんだが、これは3類型のうちのいずれに属するのか。建ててしまった以上、建てないという債務が履行不能になったのだとでもいうのであろうか。そのような説明をすることなく、要するに債務不履行があったといえばたりるのではないか。

例の3類型は物の引渡し債務についてはぴったりあてはまるにしても（といっても、磁気テープの例のようにたやすくあてはまらないものもあるが）、それ以外の債務（たとえば不作為債務などを挙げることができる）については、果してあてはめることができるのかどうか、慎重に吟味する必要があり、無理にあてはめる必要はない。

だいたい、民法は3類型などに分けてはおらず、履行不能か、「『債務の本旨』に従った履行をしない」かの2分類をしているだけなのだから（415条1項本文）、無理に3類型への押込めをすることなく、履行不能でなければ、「『債務の本旨』に従った履行をしない」タイプにあたると考えればたりるのである。

ただ、3類型のいずれかにあたるということになると、効果としての損害賠償は、履行不能であれば、本来の履行に代わる損害の賠償（これを塡補賠償という。415条2項1号参照）、履行遅滞であれば、履行が遅れたことによって生じた損害の賠償（これを遅延賠償という）、不完全履行であれば、（i）追完が可能の場合には（粗悪品をもってきたのでとりかえさせた場合を想定せよ）、追完されるまでの間に生じた損害の賠償（遅延賠償）、（ii）追完が不能の場合には、本来の履行に代わる損害の賠償（塡補賠償）、というように、一応類型化されており、そのかぎりではわかりやすいとはいえよう。

　ここで履行不能について一言しておこう。まず、債務の履行が不能であるかどうかについては、物理的に不能かどうかだけではきめ手にならず、「契約その他の債務の発生原因及び取引上の社会通念に照らして」判断すべきであり（54～55頁も参照）、その結果、履行不能と判断された場合には（最終的には裁判官による）、債権者はその債務の履行を請求することはできない（412条の2第1項）。何人も不可能なことを債務者にさせることは許されないからである。

　契約にもとづく債務の履行が契約成立時に不能であったからといって（契約の原始的不能、たとえば別荘の売買契約を締結したが、その前夜に全焼していた場合を想定されたい）、不能になった履行そのものをせよとは請求しえないにしても、415条により、その履行不能によって生じた損害の賠償を請求することは妨げられない（412条の2第2項）。

　債権法改正前は原始的不能→債権は無効→債務も無効（結局、契約は無効）→その「債務不履行」は生じえない→債務不履行による損害賠償請求権も生じえないはずだが、学説により「契約締結上の過失」として、過失によりこうした契約を締結した当事者

はその結果損害を受けた相手方に対して損害を賠償すべきだと説かれていた（契約を有効と信じた買主が、たとえば別荘用にタタミを買い入れて無駄になった支出の賠償請求＝信頼利益のそれに限られ、転売利益の賠償請求は許されないと説かれていた）。同改正により、原始的不能の場合でも、契約は意思の合致さえあれば有効に成立し、履行不能については債務不履行として損害賠償を請求しうることになったのである（412条の2第2項・415条1項および2項1号参照）。今後はこれらの新条文の解釈をめぐって（「契約締結上の過失」理論は不要に帰する）、判例・学説が進展するだろう（損害賠償の範囲についても端的に416条が適用され、「信頼利益」概念もその限りで不要に帰するだろう）。

　ちなみに、原始的不能の給付を目的とする契約（意思表示）がそもそも表意者の真意からされたものでなく、そのことを相手方が知るべきであった場合には、その意思表示（ひいては契約）は無効とされ、債務不履行を論ずるまでもないとされる場合もあろう。たとえば、「不老不死の薬を売る」という契約などがそれにあたるだろう。これは412条の2第2項とは別の問題である（93条1項ただし書参照、これについては187〜188頁を参照されたい）。即ち、412条の2第2項は契約有効を前提にするのに、93条1項ただし書は契約無効を前提にしているのである。

●履行遅滞について　　第3に、履行遅滞について補足しておく。履行遅滞が——先ほどから述べている3類型のうちでは——おそらく、読者にとっても、最もひんぱんに眼にふれるタイプと思われるので、特にとりあげておきたい。

　まず、履行遅滞となるのはどういう場合か（要件はどうか）というと、（ⅰ）債務が履行期にあって、（ⅱ）履行が可能なのに、（ⅲ）債務者に帰責事由があることによって、（ⅳ）履行（その提供）がされない、という場合である。これを履行期が徒過された

という。要件については以上のほか、先にふれたこと、（つまり「履行補助者の故意過失」や「消極的要件」）を思い出して欲しい。

ともかく履行遅滞の要件がみたされたならば、債務者は債権者に対して、履行遅滞の結果、債権者が受けた損害を賠償する義務を負う（債権者の方からいえば、債務者に対して損害賠償請求権を取得する）ことになる（415条1項本文。そうはいっても、債権者が受けた損害をすべてカバーすべきかどうかは別問題であって、その問題は416条に関して後にとりあげる）。

要するに、図式的に表現すると（ここでは消極的要件を度外視しておく）、「（ⅰ）＋（ⅱ）＋（ⅲ）＋（ⅳ）」＝履行遅滞（P）→損害賠償義務（Q）、ということになる。これは、これこれの前提がみたされたならば（Pならば）、これこれの権利義務関係(Q)が発生する、という形をとっているわけで、Pのことを要件（法律要件）、Qのことを効果（法律効果）という。P→Qというスタイルの文章は、条文の基本型のようなもので、読者にも既におなじみのところであろう。

●効果との関連で要件をみよ●　教科書を読むと、ほぼ例外なしに要件(P)について解説され（それもPをさらに要素に分析してされる。当面の例でいうと、履行遅滞（P）が成立するためには（ⅰ）～（ⅳ）の要件がみたされることが必要であるとして、それぞれについて解説される）、次に効

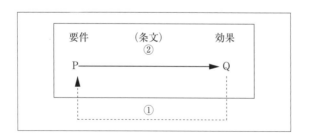

果が解説される。これでは、要件の方が効果よりも重要であるかのような印象を与え（いずれ劣らず重要なのであるが）、要件は実は効果との関連においてきめられるということが見逃されるおそれがある（どうしてそういうことが要件とされなければいけないのかはっきりしない）。とりわけ、初学者にはそうである。Qという効果を生じさせるというからには、どういうことを前提として要求するのが適当だろうかと考えたうえで（その結果）、それではPとしておこう（もっというと、そのPの中の構成要素として（ⅰ）〜（ⅳ）を必要とすることにしよう。そうするのが適当である）ということになる（前頁の図参照）。まず、何らかの理由により要件がきめられて、それに効果が付与されるのではなくて、むしろ、効果が先に構想され、次いでそれを導くのに適当な要件が考えられるのである。条文のスタイルとしては、順序が逆になっているので、このようなことが一見してはわからないだけである。

　一例を挙げると——或る物（額ぶち）が「従物」とされるための要件のひとつとして、その物が「主物（絵画）の所有権者の所有に属すること」が挙げられるのも（87条1項）、その物が従物とされた場合の効果、即ち「従物は、主物の処分に従う。」（同条2項）を想起すれば一応了解されるだろう。額ぶちが他人の所有物であっても、主物である絵画がその絵画の所有権者により処分（たとえば譲渡）されてしまえば、その額ぶちまでも当然に処分されてしまって、その額ぶちの所有権者が所有権を失うというのでは（処分した者に対して損害賠償を請求しうるにしても）、やはり適当ではあるまい。そうだとすれば、慎重を期して、或る物が「従物」とされるための要件のひとつとして、その物が主物の所有権者の所有に属することを挙げておくべきであろう。

　要するに、ドイツの学者の表現を借りるなら、「効果は要件にはね返る」のである（Die Rechtsfolge schlägt auf den Tatbestand einer Norm zurück.）。このことは立法のレベルにおいてばかりでなく、解釈のレベルにおいてもみられる。前者のレベルにおける

例としては、「従物」の要件のしぼり方につき先述したところを挙げておこう。後者のレベルにおける例を挙げることはここでは省略するけれども、要件にあたる文言を解釈して、その意味をきめるにあたって、予定されている効果を考慮しながら解釈作業がされるということなのである。

さて、履行遅滞についての補足であるが――

●帰責事由の立証責任　ひとつは、債務者の帰責事由に関する。訴訟になった場合に、原告（債権者）被告（債務者）のどちらがこれを主張・立証（以下、「主張」を省略する）しなければならないかというと、債務者側で自分に帰責事由がなかったことを立証しなければ、免責されないもの（敗訴する）と覚悟すべきだとされている（履行遅滞以外の債務不履行についてもしかり）。この点は、不法行為（すれ違いざまに見ず知らずの人の所有物を過って傷つけた場合のように、契約関係のない者同士を想定せよ）における被告（加害者）の故意または過失（709条）については、それがあったことを原告（被害者）側で立証しなければならないとされているのと異なる。立証責任（より正確には主張責任・立証責任というべきだが、以下「立証責任」という）の負担が、同じく被告とはいえ、このようにちょうど正反対になっており、履行遅滞（さらにはより広く債務不履行）の方が不法行為よりも、被告にとって重い負担、不利な扱いとなっている。

債務不履行においては、被告（債務者）は原告（債権者）に対して、これこれの債務を履行しなければならないことが事前にわかっていて（契約関係にある当事者なら、それにもとづく債務内容を具体的に知りうる、知っているべきである）、不履行にならないようにいやがうえにも注意しなければならない立場にあるのだから、たとえば、一面識もない赤の他人の所有物を過って傷つけた場合（不法行

為）と比べるならば、やはり債務不履行における被告（債務者）の方が、立証責任に関して重い負担を引き受けさせられるべきであろう。それに、実際にもほとんどの場合に債務はきちんと履行されており（善男善女が多いから国は治まっている！）、不履行は異例のことに属するのだから、異例なことを起こした者の方で、異例なことを起こしたことについて帰責事由がなかったことを立証すべきだと考えるのが筋というものである。

　415条1項の規定の仕方をみると、その本文においては、債務不履行をした債務者は債権者に対して損害賠償責任を負うとされ、帰責事由は問題にされておらず（債権者は債務者に帰責事由の成否を問わないで損害賠償を請求できると読める）、同項ただし書にいたって、債務者を免責する事由として帰責事由が挙げられている。こうした規定の仕方に照らしても、「帰責事由なし」は債務者側で立証すべきだと解するのが素直であろう。そして実際上、この債務者に「帰責事由なし」という債務者側の立証は、裁判官によりまずは認められていない。というのは、債務者にどこか手落ちがあったからこそ債務不履行にいたったと、普通は考えられるからである。

●**履行期とは**　もうひとつは債務の履行期（債務者が債務を履行すべき時期）に関する。債務者が履行遅滞となるには履行期到来を必要とするが、履行期の到来即ち遅滞による損害賠償義務つまり遅延賠償義務の発生となる（付遅滞となる）とは限らない。履行期の定め方によって、いつから付遅滞となるかは異なってくる。

　まず、①確定期限が付された債務（たとえば2020年10月1日に引き渡すととりきめられた債務）についていうと、履行期は同年同月日となるけれども、その履行期が到来して、その日のうちに債務者が

履行すれば付遅滞にならず、債務者がその日を過ぎても（「徒過」してもと表現されることが多い）履行しない場合にはじめて（そして当然に）付遅滞となる。もっというと、この種の債務についての遅延賠償義務発生の初日は履行期の翌日だということになる。412条1項の文言からは履行期到来で即ち「遅滞の責任を負う」と受け取れるけれども、履行期の翌日になってはじめて履行期が「徒過」されたといえるので、付遅滞の初日は履行期の翌日だと解されることになるのである。

　次に、②不確定期限が付された債務（たとえばA氏が死亡した時に引き渡すととりきめられた債務）については、履行期はA氏の死亡時となるが、債務者が付遅滞となるのは債務者が「その期限の到来した後に履行の請求を受けた時又はその期限の到来したことを知った時のいずれか早い時」からである（412条2項、債権法改正により、このように改められた。従来の通説を明文化したもの）。

　最後に、③期限の定めのない債務については、履行期は常に到来しており（債権者はいつでも請求でき、債務者は直ちに履行しうる、従来の通説であった）、債務者は債権者から履行の請求を受けた時から遅滞の責任を負うと定められているけれども（412条3項）、付遅滞となる、つまり遅延賠償義務発生の初日は請求が債務者に到達した日の翌日であると解されている（古くからの判例・通説である）。請求を受けた日に履行すれば、債務者は同義務を免れるわけである。

　もっとも、上述したところは一般原則であって、当事者が契約によって別段の定めをしていればそれによるし、そうでない場合にも、いくつかの例外がある。たとえば、不法行為にもとづく損害賠償義務（債務）（交通事故の被害者に対して加害者が入院費用500万円を支払う場合を想定せよ）は③にはいりそうだが、判例によると、

損害発生と同時に、履行の請求を待たずに（「盗人は常に遅滞をなす」）、その債務について付遅滞となる（損害発生の日を始期＝初日として、支払を遅滞したことによる責任を問われる。具体的には、500万円を元本として、法定利率によって計算された額の賠償義務が生ずる―419条1項本文・404条参照。これは支払の遅滞による損害賠償のことで、ほかに元本500万円を支払うべきことはいうまでもない）。あるいは、返還時期の定めのない消費貸借契約にもとづく返還債務（金銭貸借における債務者の返還債務を想定せよ―587条）についても、③の一般原則にはよらないことになっていることを指摘しておこう（412条3項と591条1項とを比較対照されたい）。

● 「履行期」の意味も一義的ではない ● 　ひとくちに債務の履行期といっても、その意味は必ずしも一義的ではない。「履行期」に結びつけられている効果は何かという観点から注意しておく必要がある。以下、例示的に述べておこう。即ち――

　（ⅰ）履行遅滞による損害賠償義務を発生させる前提としての履行期（412条）。これについては先に述べたように①～③の3つがある。

　（ⅱ）その時期から債権者が債務者に対して履行を請求することができるという意味での履行期。(a)履行に確定期限がついている場合には、債権者としてはそれが到来した時に請求しうる（135条1項の反対解釈）。(b)履行に不確定期限がついている場合には、債権者としては同じくそれが到来した時に請求しうる（同条項の反対解釈）。(c)履行期の定めがない場合には、債権者としては債権の効力発生と同時に請求しうる（これについては同条項のような規定はないが、このように解されている）。

　（ⅱ）の意味での履行期は同時に、消滅時効期間の起算点としての「権利を行使することができる時」（166条1項2号）という意味での履行期でもある。この意味での履行期は（ⅰ）とは必ずしも

一致しない（だから債務者は遅滞に陥っていないのに、債権の消滅時効は遠慮なく進行することにもなる。たとえば（ⅰ）③と（ⅱ）（ｃ）を比較すれば、このようにいえる）。

　以上は「履行期」についてみたのであるが、勉強が或る程度進んだ段階で、適宜ふり返ってみて、用語の整理、比較（どこが同じで、どこが異なるか）をすることが有益であり、ぜひ自分で試みるようにしていただきたい。本書の段階では、「履行期」の意味についてこれ以上解説することは控えておく。

● **消滅時効とは** ●　ところで、消滅時効についての解説をしないままに、いきなり消滅時効期間の起算点といわれても、わかりにくいだろう。そこで簡単に消滅時効制度について述べておく。

　第1に、典型ケースを挙げると、他人にお金を貸して、一定期間、返還請求などの権利行使をしないでいると、権利（貸金債権）は時効によって消滅する。これが消滅時効制度である（166条1項柱書）。

　この「一定期間」（これを時効期間という）は原則として5年（同条項1号と2号の順序、および多くの場合のことを考えると、5年が原則パターンであろう）で、債権法改正前はこれが10年とされていたのが改められたのである。同改正前には種々の職業ごとに短期消滅時効（その期間は1〜3年におよんでいた）が用意されていたのを（改正前の170〜174条）、同改正により全廃し、時効期間を原則5年に統一してスッキリさせた。反面において債権者が権利確保に配慮する必要度は高まったが、弁護士数も増加の傾向にあることを思えば、憂慮すべきことではないだろう。「弁護士をもっと活用しましょう」ということなのである。ただ、同改正により時効期間については特則が設けられ、人の生命または身体の侵害による損害賠償請求権の消滅時効期間については、166条1項が定める「5年間」「10年間」のうち後者が「20年間」に延長されたことに注意しておこう（167条）。不法行為による損害賠償請求権の時効

期間については以上とは別に定められており、それについては不法行為のところでふれる（225〜226頁参照）。

　時効期間の起算点は、債権者が「権利を行使することができることを知った時」から5年間、または「権利を行使することができる時」から10年間という条文の文言から読み取ることができよう（166条1項1号および2号）。そして債権者が権利を行使することができることを「知った時」から5年間が経過してしまうのが多くの場合だが、債権者が権利を行使することができることを全然知らないで10年間経過してしまえば、やはり権利は時効消滅することになるのである。

　第2に、債権法改正前の民法では時効の中断、時効の停止という概念（用語）が採用されていたのを、同改正はそれぞれ時効の更新、時効の完成猶予と改めた。たとえば、貸金の債務者がその貸金債権を承認したときは（裁判外での承認でもよい）、貸金債権の時効はその時から新たに進行を始める。これが時効の更新である（152条1項、既に時効期間が4年経過していた場合でも、承認があれば、時効は最初からカウントし直しとなる）。これに対して時効の完成猶予は、特定の法定の事由がある場合には、法定の期間（6箇月が多い）が経過するまでの間は時効は完成しないことにする制度である（たとえば150条1項―催告による時効の完成猶予、161条―天災等による時効の完成猶予）。時効の更新とは異なり、時効の完成猶予においては、既に進行済みの時効期間は無駄にならず、残期間が経過すれば時効は完成する。

　注意すべきは、時効の更新となるためには、債権者の方で裁判上の請求（訴訟を起こして請求する）をして、勝訴の確定判決を取得して権利を確定させる必要があり（147条2項、ほかに169条も参照）、裁判外での請求（催告とか催促とかいわれる）だけではせいぜい時効の完成猶予となるにとどまることである（150条1項、この完成猶予中に再び催告をしたからといって、完成猶予がその分だけ延長されていくことはない、同条2項参照）。もっとも、先に述べたように、債務者に

よる承認がされた場合には時効は更新される。

第3に、消滅時効は債権者が「権利を行使することができることを知った時」または債権者が「権利を行使することができる時」から進行するといっても（166条1項）、その期間（5年間、10年間）を計算する初日は同条項にいう「知った時」、「できる時」のその日なのか、それともその翌日なのか（140条本文参照）。わずか1日の違いだが、債権額しだいでは、債権者または債務者に大きな影響を及ぼすことになろう。判例は後の立場をとっているといえよう。これ以上は立ち入らない。

第4に、消滅時効に限らず取得時効（これについては62頁参照）にもあてはまるルールとして、時効の効力は起算日にさかのぼる（144条、消滅時効にかかった貸金債権は起算日にさかのぼってなかったことになる）、時効は当事者が援用しなければ、裁判所はこれによって裁判することはできない（145条）、および、時効の利益は放棄できるけれども（時効完成後に借金はあくまで支払うと債務者が主張した場合を考えよ）、これを「あらかじめ」放棄することはできない（146条、もしあらかじめ放棄できるとなれば、債権者はこのことを債務者に迫り、結果として消滅時効制度は実際上機能しなくなるだろう）、以上の3ルールを挙げておこう。

最後に第5として、消滅時効制度の目的は何だろうか。これについては、権利の上に眠る者は保護しない制度だとか、古い証拠の取調べから裁判官を解放して裁判を終わらせる制度だとか、債務者が時効を援用することにより免責の証拠を提出したに等しく扱って紛争に決着をつける制度だとか、昔から多くの議論があり、まだ最終的決着にはいたっていない。これは取得時効制度を含めて、「時効観」の問題として論じられてきた大きな主題である。

読者はより深い学習に進んだ段階で、一度はこの問題について考えてみて欲しい。ここではただ、次のことだけ述べておく。即ち、消滅時効制度は借金踏倒しを是認する制度かのようにみえるけれども、いくら法と道徳は別といっても、そのような反道徳行

為を民法典が容認するととらえるのはおかしく、この制度は昔きちんと弁済したのにその証拠をなくした人を再度の請求から保護するところに趣旨がある（むしろ紳士を救済する制度である）。こうした議論も昔から存在してきた。しかし166条1項柱書の文言、「債権は（中略）時効によって消滅する。」という文言に照らせば、債権はなくなってしまうことになるので、上でふれた紳士と異なり、全然弁済していない者までが救済されることになるのではないか。こうした制度をこのままの形で存続させておいていいのだろうか。時効制度は、取得時効・消滅時効を問わず、当事者が時効を援用しなければ、裁判所はこれによって裁判することができない（145条）とされているくらい当事者の良心を尊重していることとの調和が、もっと工夫されてもよいのではないか。将来の学習の機会に考えてみられたい。

● **履行期のアクセラレーション**　履行期についてはそのくり上げ、アクセラレーションということがある。たとえば、売買代金を10回分割払いということにして、毎月25日を履行期ととりきめたとする。本来なら売主は、25日が到来しないかぎりは、その月分のお金（割賦金）、および、それより後の月の割賦金の支払を請求できないはずだが（135条1項）、買主が破産手続開始の決定を受けたような場合には、買主としては、その月分およびそれ以後の割賦金の履行期が到来していないからと主張してこれらの支払を拒絶することを許されず、売主から請求を受けたならばこれらの全額を支払わなければならない。期限というものは「債務者の利益のために定めたものと推定」されるのであるが（136条1項）、債務者が期限の利益を主張することを許されない場合があるのだ（期限の利益喪失―137条）。いってみれば、履行期が一斉にくり上がるのである。

割賦金の例でいえば、未払いの割賦金を全額一括して一時に請求されることになり、その支払ができなければ履行遅滞になるわけである（そうなると、既に述べた強制実現、これから述べる損害賠償や契約解除が問題になり、売主が担保をとっていた場合には、担保権の実行もありうることになる）。実際の取引においては、契約条項のうちに、「期限の利益喪失条項」として、たとえば、「買主が差押えまたは国税滞納処分を受けたときは、直ちに残代金全額を請求されても異議ありません。」というような1条項が用意されていることが多い（137条の列挙している期限の利益喪失事由以外に事由を追加しているのである）。履行期をくり上げられて、直ちに全額支払を迫られたのでは、債務者としては大変苦しい。たとえ確定期限といえども、このようにくり上がってくることがあることに注意して欲しい（期限をくり上げられて、しかも判決を経ないで直ちに差押えなどをやられたのでは債務者はたまらない。しかし、そういうことが実際にはよくあるのである。「執行証書」による執行がそれである―民事執行法22条5号参照）。

　期限の利益喪失事由について定める137条は民法総則編に属しており、物権編、債権編とは遠くへだたっている。各論を勉強している間も、総則編を忘れてしまわないようにされたい。

●損害賠償　これまではどういう場合に債務不履行となるかについてみてきたのであるが、これからは、債務不履行となった場合の効果のひとつとしての損害賠償をとりあげる。

　たとえば、建物の売主甲が買主乙（不動産ブローカーでなくて素人とする）から代金の提供を受けながら、とりきめた期日（たとえば10月1日）に引渡しをしないままに2ヶ月を経過して、ようやくにして引き渡したとする。甲は履行遅滞のその他の要件（99頁参照）をすべてみたしていると前提しておこう。引渡し債務の債権者である買主乙は、甲の履行遅滞により（それが原因で、その結果）、

2ヶ月間、従前からのアパート住いを続けざるをえなくされ、賃料として合計20万円支出した。もし甲がきちんと引渡しをしていたなら、乙は買い受けた建物に入居することができて、賃料の支出をしないで済んだはずなのである。この賃料20万円は甲の履行遅滞によって生じた乙の損害であり、乙としては甲に対し賠償を請求しえてしかるべきである。これが債務不履行（この例では履行遅滞）による損害賠償という問題である。この問題は、履行不能についても、不完全履行についても、みられるのであるが、以下では主として履行遅滞を念頭においてみていくことにする。

まず「損害」は種々の観点から分類されるけれども、最もポピュラーな分類は積極的損害と消極的損害という分類であり、ここではこの分類だけを挙げるにとどめる（財産的損害と精神的損害＝慰謝料という分類もポピュラーだが、これは不法行為の方で主として問題になるので、ここではとりあげない）。前者は債権者の既に有する財産の減少をさし（先ほどの例における賃料の支出など）、後者は債権者の得べかりし利益の喪失をさす。たとえば先ほどの例で、乙がたまたま建物を丙へ転売する契約を、甲乙間の売買契約締結前に既に締結していたが（素人の乙についてはあまりないだろうが）、甲の履行遅滞によって結局、丙から転売契約を解除されてしまい、あてこんでいた転売利益を失ったような場合を考えればよい。

これらの損害を賠償する方法は、原則として金銭支払である（417条）。しかしたとえば、貸しておいた掘立小屋が借主の過失で全焼してしまった場合に（返還債務の履行不能）、借主がもとどおりの掘立小屋を建てて返すことにすれば（貸主借主の間でそのような契約をすれば）、それはそれでよい。そのような仕方での損害賠償をしてはいけないという理由はない（417条に「別段の意思表示」があればそれによると定められているのは、このことである）。もちろん、もと

どおりにする（原状回復する）といっても、物理学の見地からみて全く同一にするというのではなく（それは不可能である）、法律学の見地から——ということは取引の通念、その時代・社会の良識に照らして——前後同一とみられる状態をもたらすことである。実際には債権者にしても、金銭の支払を受ければ損害をカバーするうえで支障はなく、かつ、何かと便利でもあるから、金銭の支払で決着をみることがほとんどである。

●損害賠償の範囲

ところで損害を賠償するといっても、債務不履行が原因となって生じた損害のうち、どの損害を賠償し、どの損害は賠償しないのか、それとも、全損害を賠償するのか、ということが問題となる。

債務不履行が原因となって種々の損害が生ずるのがむしろ普通である。先ほどの例でいえば、売主甲の履行遅滞によって、買主乙には賃料相当の損害や転売利益の喪失という損害が生ずるわけである。

別の例を挙げてみよう。AがBを自動車に乗せて空港まで運ぶ契約（運送請負契約）を締結したとする。ところがAは空港への途中で運転を誤って事故を起こし（まさに債務不履行！）、その結果、Bを負傷させ、Bの特異体質という事情も加わって、Bは一時危篤状態に陥り、8ヶ月間入院した後に退院し、以後、通院を続けている。Aの債務不履行（P）によって、Bには次のような損害が生じた。即ち、治療費の支出（Q_1）、勤め先を休んだことによって失った賃金相当の収入（Q_2）、退院はしたものの、労働能力がもとどおりには回復しないことによる損害（Q_3—労働能力低下）、入院後、一時、生命を危ぶまれたBが、事故以前からずっとアメリカに留学していた一人娘を呼び寄せるため支出した費用（Q_4）等々。

いったい、Q_1—Q_4等々のうち、どれをカバーし、どれはカバ

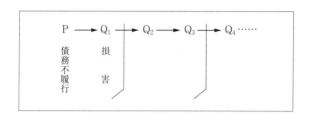

ーしないとすべきなのか、それとも全損害をカバーすべきなのか。全損害をカバーするのではないというのなら、いったいどの損害を切り落し、どの損害を残すのか（上図参照）。そしてまた、その区別の基準はどうか。これが損害賠償の範囲という問題である。

　この問題については、以下に述べる3つのレベルを区別して考えていくとスッキリする。従来は、これらのレベルをはっきり区別しないで、ひっくるめて「相当因果関係」の成否の問題として扱ってきたが、最近は、レベルを分けて考える立場が有力となっており、私もそれを支持したい。

●**事実的因果関係**　第1に、事実的因果関係のレベルを考える必要がある。債務不履行（P）があったからこそ損害（Q）が生じた、Pがなかったなら、Qは生じなかったはずだという関係（事実的因果関係）が、PとQとの間に認められてはじめて、その損害（Q）を賠償すべきかどうかが問題になる。そもそも事実的因果関係が認められないのでは、債務者に賠償を命ずるわけにはいかない。自分のせいでもない損害を賠償せよといわれては、たまらないからである。このように、「事実的因果関係」というフィルターにかけて、「損害」をいわば淘汰するわけである（416条1項にも「これ（債務不履行―筆者注）によって」とあるのに注意）。実際には、このフィルターを突破するかどうかで大いに争われることがあり、公害事件の場合には（債務不履行ではなく

て不法行為の事件なのであるが――709条参照）とりわけそうである。

●保護範囲

第2に、保護範囲のレベルを考えねばならない。

事実的因果関係が認められる損害のうちで、どの損害までならカバーさせる（法的に救済する）というべきなのか、これが保護範囲という問題である。事実的因果関係が認められるすべての損害を賠償させて、債権者を保護せよというのもひとつの見識ではあるが、「すべての損害」といわれると――事実的因果関係というしぼりはかかっているにしても――ずいぶんいろいろな損害がはいってきて、いかに落度のあった債務者にしても、そうまで負担させるのは適当でないという場合もあろう。とすれば、どこかに線をひいて、この損害は賠償させるが、あの損害までは賠償させない、というふうにしなければならない。

この問題については、416条がルールを用意している。それによればこうである。即ち、（ⅰ）通常の事情のもとで――(a)通常生ずべき損害が賠償の対象とされ、(b)異例な損害（その場合にだけ特有な損害といってもよい）は賠償の対象とされない。（ⅱ）特別の事情のもとで――(a)当事者（民法の普通の用語例としては債権者と債務者の双方をさすはずだが、通説はこの「当事者」は債務者をさすと解しており、さしあたり、それに従っておく。以下同じ）が、債務不履行の時に、その特別の事情を予見すべきであったときは（同条2項、債権法改正前は「予見し、又は予見することができたときは」とされていたのを改めた。実質的な意味の変更はなく、改正前と同様、予見可能性があったとき、と解すればよいのであろう）、その特別の事情のもとで通常生ずべき損害が賠償の対象とされ、(b)当事者にとってその特別の事情につき予見可能性がなかった場合には、その特別の事情のもとで通常生ずべき損害も賠償の対象とされず、(c)その特別の事情のもとで異例にしか生じない損害（異例な損害）も――その特別の事情に

事実的因果関係（有）			（無）
損害 基礎事情	通常生ずべき損害	異例な損害	
（ⅰ）通常の事情	(a) ○	(b) ×	
（ⅱ）特別の事情			×
予 有	(a) ○	(c) ×	
予 無	(b) ×		

予有
予無 ｝予見可能性の有無　○＝賠償対象
×＝賠償対象外

ついて当事者の予見可能性の有無を問わず──賠償の対象とされない。

　同条はわかりにくい条文で、解釈上の見解のわかれがあるけれども、今日の多数説によればこのように解されており、ここではそれに従っておく（上表を参照されたい。─表中の（ⅰ）(a)(b)、（ⅱ）(a)〜(c)の記号は前述の（ⅰ）(a)(b)、（ⅱ）(a)〜(c)に対応している）。読者はこの表を暗記したりしないようにされたい。416条を読んでみて、どうしてこの表のようになるのかを考えて欲しい。ちょうど２次方程式を解く公式を暗記することなく、２次方程式を因数分解して、自力で公式を導けることが数学の実力を養ううえで必要なのと同じく、同条を読んで自分で試みることが必要である。そうすると、同条２項に「特別の事情によって生じた損害」とあるところから、通常の事情によって生じた損害は同条１項によってカバーされるしかない。また同条１項に「通常生ずべき損害」とあるけれども、異例な損害については両項ともに言及していない。異例な損害でも、それについての予見可能性があった場合には賠償請求を許してよさそうであるが、同条１項はそういうことは語らず、同条２項にしても、予見可能性は特別の事情について問題にしているだ

けである。そうすると、異例な損害は両項を通じてカバーされないと読むのが素直である。「異例」な損害までカバーしようというなら、その旨明定されていてしかるべきでもある。結局、同条１項は通常の事情のもとで通常生ずべき損害をカバーし、同条２項は特別の事情のもとで、それについての予見可能性があったことを前提にして、通常生ずべき損害をカバーすることになる。これをまとめると表のようになる。

ここで一、二補足すると——通常の事情については予見可能性は問われない。通常の事情については、いってみれば、常に予見可能性があるということであろう。特別の事情について当事者（債務者）が予見可能性を有していたことの立証責任は、債権者にあるとされている。（ⅰ）（ⅱ）いずれにしても、通常生ずべき損害が賠償の対象とされ（この意味において416条１項は（ⅰ）（ⅱ）双方をカバーするといえる）、（ⅱ）においては、さらにそのうちの（ⅱ）(a)のみが賠償の対象とされるのであるから、保護範囲はかなり制限されることになる。通常の事情については当然に予見可能性があり、特別の事情については予見可能性が必要とされ、通常生ずべき損害についてはこれまた当然に予見可能性があるわけだから、416条は「予見可能性」によって保護範囲を限定しているともいえる。

例を挙げてみよう。先ほど挙げた甲乙間の建物売買の例においては、売主甲の引渡し遅滞により買主乙がアパート住いを継続せざるをえなくなって、賃料支出を継続したのであるが、これなどが（ⅰ）(a)にあたり、引渡しが２ヶ月遅れたことで乙が世をはかなみ（？）、腎臓結石になって入院治療したというのは（ⅰ）(b)にあたる。それなら乙が、甲から買い受けるに先立って既に丙との間で転売契約を締結していた場合（転売利益の喪失—111頁参照）はどうかというと、このような事情は特別の事情と解され（乙は不動産ブ

ローカーでなく素人であることを思え)、それにつき甲の予見可能性があった場合には、その特別の事情のもとで通常挙げうる額の転売利益が(ⅱ)(a)にあたる。乙が途方もない額の転売利益を挙げることになっていたような場合には、(ⅱ)(c)にあたるというべきである((ⅱ)(b)については読者みずから考えてみられたい)。

　上に述べたことは一応の説明でしかなく、細かいところはまだよくわかっていない。投資目的での不動産売買を素人といえども盛んに行うような経済事情のもとでは、上に述べたことと異なって、転売契約が事前に成立していた場合もやはり「通常の事情」といえる余地がありそうである。そしてそのような事情のもとで、途方もない額の転売利益を挙げることになっていたのであれば、その転売利益の喪失は「異例な損害」(ⅰ)(b)にあたることになりはしないのか。また、途方もない額の転売利益を挙げることになっていたといっても、いったい何倍くらいになると「異例な損害」となり、何倍未満ならならないのか、その境い目もあいまいである。かつては「特別の事情」に属すると考えられた事情も、今日ではむしろ「通常の事情」に属するといわれうる例を挙げるなら——洋行、留学、海外出張が珍しかった時代には、先に挙げた例のように、被害者(債権者)の娘がアメリカに留学していたという事情は「特別の事情」に属するといえようが、時世が変わって、今日のように海外へ出かけることが珍しくなくなった時代を迎えると、そのような事情はもはや「通常の事情」に属するといえるのではないか。以上に述べたように、保護範囲はここまでだといっても、実はまだ問題が後に残されているのである。本書ではこの程度にして切りあげ、先へ進もう。

●損害の金銭的評価

　第3に、こうして賠償義務の範囲内にとりこまれた損害を金○○円の損害として

評価しなければならない（金銭賠償の原則を定める417条を参照された
い）。これが損害の金銭的評価、いいかえれば、賠償額の算定と
いう問題である。そのさい重要なのは基準時点はいつかというこ
とである。これについては明文の規定はなく、判例に委ねられて
いる。そして判例は、損害賠償請求権が発生した時点を基準時点
と一応しながら（たとえば、履行不能で履行に代わる損害の賠償を請求す
る場合には、たとえ本来の履行期前であっても履行不能になった時を基準時
点とする）、その後の価格変動を考慮して、賠償額をきめるという
態度をとるものが多い。

　これでは基準時点をきめたといっても、あまり意味がないとも
いえるけれども、判例は、契約の類型、目的物、両当事者の態度、
その他問題の事件の具体的事情を考慮して、結局は、この債権者
にはこの程度の賠償金をとらせるのが妥当だ、この程度の支払を
命じられても、この債務者としては甘受すべきだ、と判断してい
るのであろう。だから、基準時点が固定して不動のものとなって
いるとはいえなくなるのである。常識で考えてみても、たとえば、
債務者が訴訟を不当に引き延していた間に物価が変動したという
ような場合には、基準時点をしかるべき時点までずらせて、賠償
額を算定すべきであろう。

　目的物の価格が１度高騰したが、その後に値下りしたような場
合に、債権者はこの高騰した価格の賠償請求を許されるかという
問題に直面すると、基準時点をいつときめるべきかはむつかしく
なる（この種の問題を「中間最高価格の問題」という）。ここでは、こ
ういう問題があるとのみ述べておくにとどめる。

　損害の金銭的評価について、一言すべきはむしろ民事訴訟法の
問題というべき問題である。それはこうである、即ち、損害が生
じたことは認められるが、損害の性質上、その額を立証すること

が極めて困難であるときは、裁判所は口頭弁論の全趣旨および証拠調べの結果にもとづき、相当な損害額を認定することができる（同法248条）。損害が生じたことは認められるが、その額の立証（それは原告の負担となる）が極めて困難で立証できないからというので、その請求を棄却するのは不当ではないかということで、平成8年にこの制度が設けられた（この請求棄却が不当なことは既に19世紀にイェーリングが具体的例を挙げて指摘していた。同『権利のための闘争』村上淳一訳〔岩波文庫〕126〜127頁参照）。判例は慰謝料請求については、平成8年以前から、裁判官の裁量で（その積算の根拠を示すことも不要）、その額をきめてきていた。今後はこの手続法の条文が財産的損害の賠償額決定にも活用されることを期待したい。

●**金銭債務の特則**● これまで述べてきた債務不履行による損害賠償の法理については重大な例外があることに注意しておこう。その例外とは、金銭債務（たとえば売買代金、家賃、消費貸借上の債務、預金者に対する銀行の払戻債務を想起せよ）についての特則である。

第1に、金銭債務の不履行による損害賠償を請求するにあたっては、債権者は損害の証明をする必要がなく、債務者は不可抗力をもって抗弁とすることが許されない（419条2項・3項）。これが債権者にとって有利であり、他方、債務者にとって不利なことはいうまでもあるまい。借金をした債務者は、たとえ大地震のため社会が混乱状態に陥り、交通も全く絶えてしまい、債権者宅へ返しに行けなかったので（弁済の場所について484条1項参照）、やむなく弁済が遅れたのだ（だから帰責事由がなかったのだ）といっても（抗弁しても）、債務不履行の責任を免れえないのである。不可抗力をもってしても抗弁としえないというルールを定めた規定は他には見当たらないことにかんがみると、他の種類の債務については、その不履行の責任が無過失責任とされている場合であっても、不可抗力を抗弁となしうると解することができよう。

第2に、損害賠償の額が一定のレートに従って一律にきめられてしまって（原則として法定利率により、約定利率がそれより高い場合には約定利率、つまり弁済期までの期間についての利息を算定する基準として約定された利率の定めによって計算する。法定利率については404条2項により年3パーセントと定められている。これについては後述121〜123頁を参照されたい）、実損害がそれ以上でも以下でもかかわりなしに、そのレートで計算した額（これを遅延利息という）に限定されてしまうのである（419条1項。実損害は必ずそれだけあること、また、それだけしかないことにされてしまうのである）。

　このことはまず、金銭債務については履行不能は想定されておらず、履行遅滞だけが想定されていることを示唆する。履行不能（いつまで時を経ても元本を返してもらえない）による損害賠償の額をレートで計算するといってみても、そのレートに乗ずる日数が確定しえないであろう。履行遅滞を前提するほかない。加えて、415条は履行不能を明言しているのに、419条では履行不能に言及していないことも示唆的である。支払われた紙幣の中にニセ札が含まれていた場合には不完全履行というべきだが、この場合にはきちんとした紙幣と取り替えればよく、それが遅れた場合には履行遅滞による損害賠償を請求されることになり、結局、履行遅滞に解消されることになる。

　次に、レートで計算されるというのでは、債権者は必ずしも有利ではない。立法論としては、このような処理について疑問を容れる余地がある。解釈論としては、レートで計算される額は416条1項にいう「通常生ずべき損害」にあたり、それを超える実損害は同条2項にいう「特別の事情によって生じた損害」としてカバーすることにしてはどうか、419条1項は416条1項に対する特別法であり、またそれにとどまり、レートで計算される額を超える実損害については416条2項が適用されるのではないかと解する可能性もあるが（一部の学説として主張されている）、解釈論としては無理であろう。金銭債務の不履行の場合に、「利息」（遅延利息

をさす）のほか、損害の賠償をさせるについては特別の規定がおかれており、その反面においては一般には「利息」しか認めないと解されるからである。647条・665条・669条参照（一見よさそうにみえる条文解釈も、それと不調和な他の条文を指摘されて窮する口述試験のシーン、フローベール作、生島遼一訳『感情教育』（上）〔岩波文庫〕100頁を想起せよ）。債権者としては賠償額の予定（420条）をとりきめておくことによって対処するべきであろう。

●**利息と遅延利息**●　　たとえば元本金〇〇円、弁済期は満3年後の日、それまでは毎月末、年8パーセントの割合で計算した利息を支払うととりきめたとする。この利息を約定利息という。利息は利息を支払う旨の債権者・債務者間の契約により発生し、そうした契約がなければ無利息となる（ただし商人については、その例外が認められている。商法513条をぜひ一読されたい）。

　約定利息こそが本来の利息というべき利息で、その性質は元本利用の対価である。これに対して、419条1項によって算定される損害賠償の額は履行遅滞による損害賠償の額であって、遅延利息（遅延損害金）と呼ばれることがあるけれども、本来の利息とは性質を異にする。履行遅滞に陥った債務者としては元本を返すべきで、元本利用などはもはや許されず、ひいては、元本利用の対価などと性質を決定することはできないはずだからである。ただ、こうはいえるものの、経済的な実質においては、本来の利息と遅延利息とはほとんど同じである。

●**法定利率**●　　債権者と債務者との間に利息契約は成立したが、利率がとりきめられていなかった場合には、その利率はその利息が生じた最初の時点における法定利率によるものとし、法定利率は年3パーセントと定められている（404条1項・2項─商事法定利率を「年6分」と定めていた商法514条は債権法改正により削除され、民事法定利率「年3パーセント」に統一された）。

法定利率については債権法改正により大きな修正がされた。3点述べておこう。

　第1に、法定利率は、同改正前は年5パーセントと定められていたが、これが年3パーセントに改められた。超低金利時代といってよい昨今の資金運用の実態に照らして、引き下げられたわけである。そうでないと、債権者としては債務者に債務不履行をしてもらった方が高利がえられてとくだということで、債務不履行を勧奨するという変則な事態を招きかねないだろう。引き下げられたのは妥当であったというべきである。

　第2に、同改正前の法定利率年5パーセントは固定利率であったのに対して、同改正による法定利率年3パーセントは変動利率とされ、3年に一度、法務省令で定めるところにより、変動することになった（同条3項）。それにしても、毎期ごとに利率の変動幅が大きくなっては安定性を欠くので、銀行の1年未満の短期貸付けの平均利率を基準にした算式によるという変動抑制策が用意されている。その具体的内容は極めて細微にわたる計算技術的なものであるので（同条4項・5項）、本書ではこれ以上立ち入らない（同条4項・5項のような計算技術的な条文を、一般人も接する民法に用意するのが適切かどうかについては見解のわかれるところであろう）。

　第3に、法定利率が年5パーセントから年3パーセントに変更されたことにより、債務者が2パーセント分だけ遅延利息を減額され救済されるばかりでなく、債権者（その典型は直後に挙げる種類の債権者である）にしても救済されることになる。というのはこうである。

　即ち、たとえば交通事故の被害者で事故当時有職の女性が事故の結果、死亡したことによって将来えられるはずの収入をえられなくなった、この逸失利益を賠償せよとして、遺族が加害者を相手に訴訟を提起した場合に、裁判官は（年収－生活費）×就労可能年数－中間利息という計算をして、この女性（被害者、不法行為による損害賠償請求の債権者）の逸失利益を算定することになる（722

条1項による417条の2の準用)。

　その場合の生活費の額、就労可能年数（そもそも余命は何年あるかも考慮しないといけない）については、しかるべき公的機関の作成した統計資料を参考にするのが普通である（たとえば平均余命年数については厚生労働省による統計がある）。中間利息を控除するのは、就労可能年数を20としたとき、（年収－生活費）×20、つまりこれから先の20年間の純収益をこの女性の遺族は現在一度に受け取ることになるが、このままでは、同遺族はこのお金の運用による利息（お金というものは当然に運用され利息がつくものだという前提がここにはある）をとくすることになるので、その利息分を控除するというわけである。そしてその中間利息を算定するにあたっては、判例によって認められた計算式（ホフマン方式、ライプニッツ方式）があり、その計算式の中に法定利率（損害賠償請求権が生じた時点での法定利率、417条の2第1項）が組み込まれているのである。この計算式による計算はかなり複雑ではあるが、実務では既成の係数表を利用して処理される場合が多い。

　ともあれ、計算式の一要素（しかも重大要素）である法定利率が5パーセントから3パーセントに引き下げられたことにより、控除される中間利息の額が減ることになるのはもちろんで、それだけ同遺族の損害賠償額の手取り分が増えることになる。これ以上の細目にわたる説明には立ち入らないことにする。

●賠償額の予定　「もし履行遅滞に陥ったなら、金○○円の賠償をする。」というように、あらかじめ賠償額をとりきめておくことも多い。このような契約も有効とされる（420条1項）。もっとも、額が高すぎたり（相手方の無思慮・窮迫に乗じた場合には暴利行為といわれる）、または低すぎたり（たとえば、債務不履行の結果、人が死亡しても、債務者としては死者1人につき最高50万円しか支払わないなどと約定した場合を想定せよ。この場合にも暴利行為は成

立しうる）する場合には、公序良俗に反する契約として無効とされるし（90条）、ほかに、賠償額の予定に対しては、利息制限法（同法4条）や割賦販売法（同法6条）が規制を加えていることを指摘しておこう。

　賠償額を予定することのメリットはどこにあるのかというと、それはとりわけ債権者にとって損害賠償をとることについて便利、有利ということである（ほかにも契約の履行を債務者に対して事実上強制する機能があろう）。いくら賠償額を予定していても、いざというときに債務者が予定された賠償額を任意に支払わなければ、債権者は予定された賠償額を訴求するほかないけれども、判例によると、その訴訟において債権者は債務不履行の事実さえ立証すればよく、損害額の立証を要しなく（これはむしろ当然ともいえる）、損害が発生したという事実の立証をも要しないで（実損害がなくても）、予定された賠償額を請求することが許されるのである。たとえば「履行遅滞の場合には、1日につき金○○円を支払う。」あるいは、同様の場合には「元本につき年利○割○分の遅延利息を支払う。」旨の約定がされた場合に、20日間の履行遅滞が起きたならば、債権者はその事実を立証しさえすれば、約定によって計算された、20日分の賠償額を請求することを許されるわけである。なお、この例のような賠償額の予定のもとでは、債権者としてはあわせて本来の債務の履行を請求することができるほか、契約解除の要件をみたすなら解除することもできるのである（420条2項）。

　契約締結にさいし違約金がとりきめられることも少なくない。違約金の趣旨が債務不履行による損害賠償額の予定にある場合もあれば、あるいは、文字どおりの違約罰（暴利行為にあたらないかぎりは効力を認められる）をとりきめたのであって、債務不履行によ

る損害賠償責任は——416条あるいは419条の定めるところにより
——それとは別にきめられる場合もある。民法は、違約金のとり
きめは「賠償額の予定と推定する。」と定めている（420条3項。こ
れに対し利息制限法4条2項は「違約金」は賠償額の予定とみなすと規定し
て、賠償額の予定に対する規制を違約金に当然に及ぼすことにしている。先
に説明した「推定する」と「みなす」との区別を想起されたい—19頁参照）。
その推定が破られるような場合には——問題の違約金は賠償額を
予定したものではなく——違約罰としての違約金だとして、そう
いうものとして支払を命じられることになるわけである。

●**契約の解除**　ところで債権者としては、債務不履行に陥って
いる債務者をいつまでも相手にしている必要は
ない。らちのあかない債務者とは早く手を切ってしまった方が
いいともいえる。なるほど債権者は債務の強制実現をはかろうと
すればできるし、損害賠償をとろうとすればできるけれども、そ
の反面（双務契約を考えてみよ）、契約が続いているかぎりは、自分
の方も債務を負っていることになる。だから、売主甲が買主乙
の代金不払に手を焼いて困ったからといって、甲乙間の売買契約
を存続させたままで、目的物である建物を丙に譲渡してしまい、
丙に登記まで備えさせてしまったならば、甲乙間の売買契約はも
はや履行不能に帰し（177条を参照せよ）、甲は乙によって債務不履
行による責任を追及されることになる。売買契約が存続している
かぎりは、甲は乙に対し目的物を譲渡する債務を負っているのだ
から、このような結果になるわけである。それがいやなら、甲は
まず乙との売買契約を解消しておいて、次いで丙に譲渡すればよ
い。そこで、契約を解消する方法つまり契約の解除について述べ
よう。

たとえば、甲乙間の建物売買契約において、売主甲が目的物である建物を約束の期限までにきちんと引き渡す用意をととのえ、その旨を買主乙に通知し、乙がいつでも入居できる状態におき、その後もその状態を続けているにもかかわらず（484条および493条本文参照）、乙は約束の日を過ぎても代金を支払う気配をみせないとする。甲がここまでしたからには、乙には同時履行の抗弁権（533条）はないというべきである。そうなったときには、甲は「相当の期間」（たとえば1週間。「相当」かどうかは諸般の事情によりきまる）を定めて乙に支払を催促し（これを「催告」という）、その期間内に支払われなかった場合には、契約を解除することができる（541条本文。相手方乙の承諾などはいらない）。解除の仕方は、相手方に対する意思表示（契約をやめる旨のそれ）によってする（540条1項。普通は内容証明郵便が利用される。その意思表示は相手方に到達した時から効力を生ずる―97条1項）。このように、催告し、解除するという2段階の意思表示は面倒だというので、たとえば「延滞家賃金〇〇円を〇月〇日より1週間以内に支払え。この期間内に支払われなければ、賃貸借契約を解除する。」というように、一本の意思表示で片づけることが多い。それどころか、契約自由の名のもとに、これこれの事実が生じたなら（たとえ債務不履行が生じていなくても）、当然に（催告や解除の意思表示をしないでも）契約は解除されたことにする旨をとりきめておくこともあり、場合によっては、一方にとってあまりに不利なとりきめとして、その効力を認められないこともある（90条）。

　履行遅滞の場合だけでなく、履行不能の場合にも契約解除は許され、全部の履行不能または一部の履行不能（残存部分のみでは契約をした目的を達成できない場合）においては、債権者は相当の期間を定めた催告をすることなく、直ちに契約を解除することができ

るし、同催告をすることなく契約の一部を解除することが許される場合もある（542条1項・2項参照）。

　債務不履行が債権者の帰責事由によるものである場合には、債権者は催告によるにせよ、無催告でするにせよ、解除をすることができない（543条、これは自業自得というべきであろう）。

　合意解除といって、甲乙両者合意のうえ、「この契約をやめることにし、後始末はこういうことにしよう。」ととりきめることもある（この方が541条や542条にもとづく解除＝法定解除のように、一方的にされるのと異なり、円満におさまりがつく）。

　また、売買の場合によくあることだが、買主から売主に手付（手付金、手金ともいい、代金額の1割程度までが普通である）が入れられているときは、契約を解除したい買主は手付を放棄して、反対に、売主が解除したいのであれば、受け取っていた手付額の倍額（受領していた手付に、それと同額の金銭を加えればよい）を買主に現実に提供して、契約を解除することができる（もっとも、買主にせよ売主にせよ、契約解除ができるのは、相手方が契約の履行に着手するまでである―557条1項）。この場合には損害賠償を請求することができない（同条2項）。ここで述べた手付は解除権の留保ということができよう（この手付を解約手付という）。手付には、このほか、契約成立の証拠としての意味をもつなど、種々の手付があるが、民法としては手付の典型として解約手付を想定しているわけである。

　法定解除（541条・542条にもとづく解除と思えばよい）についての解説に補足を2つしておこう。

　第1に、債務者が債務不履行をしたとしても、その債務不履行がその契約および取引上の社会通念に照らして軽微であるときは、債権者は契約を解除することができない（541条ただし書、軽微かどうかの判断の基準時点についても同条ただし書を参照されたい）。せっか

く一度は契約を締結したからには、できればその契約を維持するのが穏当だから、このようなブレーキが用意されたと解したい。無催告解除を許す542条1項および2項にしても、債務不履行がその契約および取引上の社会通念に照らして重大なものであることを前提にしていると解すべきである。

第2に、債権者が債務不履行にもとづき契約を解除する場合に、その債務不履行につき債務者に帰責事由が必要かという問題が久しく論じられ、必要説が通説であったが、次第に不要説が有力化してきていた。債権法改正の結果として、不要説が採用された。

というわけは次のとおりである。かつての必要説の有力根拠であった同改正前の543条は履行不能による解除につき、その債務不履行について債務者に帰責事由がない場合には、債権者は解除することができないと定めていた（必要説はこれを履行遅滞による解除に及ぼしていた）のであるが、この旧543条は同改正により全面削除されてしまい、内容の全く異なる新543条となった。加えて541条では債務者の帰責事由の要否は全然問題とされていない。

こうみてくると、同改正により、債務者の帰責事由は不要となったと解すべきだろう。らちのあかない債務者と早く手を切って、新しい相手との契約に切り換えたい債権者にしてみれば、これはありがたい改正というべきだろう。

● **解除の抑制―信頼関係破壊** ●　　これまでは売買契約の解除を念頭においてきたけれども、どのような種類の契約の解除についても同様のルールがあてはまるとはいえない。とりわけ不動産の賃貸借契約の解除について、そのことがいえる。この種の契約を解消することは、賃借人の生活に重大な影響を及ぼすので、賃借人の側に義務違反＝債務不履行があったとしても、それが軽微であっ

て、今後とも賃貸借関係を継続させていくことが賃貸人に酷とは
いえない程度のもの（これを「信頼関係を破壊するにたりない特段の事情
がある場合」などという）であるなら、賃貸人は解除することができ
ない（解除権は生じない）とされてきたのである（判例・通説――信
頼関係破壊理論。賃借人は少々の義務違反をしてもいいという趣旨ではなく、
よくないことだが、例外的に、解除はされないことにするというのである）。
たとえば、借地人が賃料を１～２ヶ月分延滞したとか、借地上の
自己所有の建物につき、地主との間の増改築禁止特約に違反して、
短時間のうちに取壊し可能な物干台を作ったとか、借家人が自分
の親類の者を、その者が火事にあって焼かれた居宅を建て直すま
での間、家主に無断で間借りさせた（612条）とかいう場合には、
現在の判例・通説のもとでは、よほどの特殊事情がないかぎりは、
賃貸人は賃貸借契約を解除することは許されないとみてよい。債
権法改正により、一般の契約を解除するにも541条ただし書によ
る制限が付されたのであれば、解除されたら債務者が路頭に迷う
ことになるかもしれない賃貸借契約については、まして軽微の債
務不履行では解除されないと解して、信頼関係破壊理論を補強す
ることになってしかるべきではないか。

　信頼関係破壊理論は、このように賃貸人の解除を抑制する機能
を果すのであるが（もともとこの理論はそのような機能をめざして
作られたのである）、場合によっては、賃貸借契約上の債務不履行
がない場合にも、賃借人を追い出す機能を果すことにもなること
に注意しておこう（たとえば、借家じたいの使用方法は悪くなく、家賃も
きちんと支払っているが、近所迷惑な挙動に出るために近所から家主へ苦情
が寄せられ、家主が再三注意してもやめない借家人は信頼関係を破壊したと
して、契約を解除されても仕方がないと解するなどがその一例である）。

　ちなみに、賃貸借契約が解除されると、契約ははじめに遡って
解消されるのではなく、将来に向ってのみ解消されるのであって、
この点は普通の解除とは異なり、特に告知と呼ばれる（620条第１
文。ほかに雇用―630条、委任―652条、組合―684条参照）。以下において

は普通の解除を扱うことにする。

●解除の効果　それでは、たとえば売買契約が解除された場合には、どのような効果が生ずるかというと、契約ははじめから締結されなかったことになる（契約の遡及的消滅——これを遡及効説、直接効果説といい、判例・通説の採用する立場であり、以下これによる）。つまり契約は1度は成立し、かつ、効力を生じたのではあるが（そもそも不成立とか、成立したが無効だというのなら、解除のしようがない）、その後、たとえば履行遅滞を理由とする解除がされた結果、はじめからなかったことにされるのである。もっというと、債務はなかったことになる。こうして当事者は債務から解放される。解除をしないかぎり、弁済提供をしていても、債務からは解放されない（せいぜい不履行の責任を問われないだけにとどまる―492条参照）。契約がはじめからなかったということになると、「各当事者は、その相手方を原状に復させる義務を負う。」ことになる（545条1項本文）。買主が既に受け取っていた物があれば、そのまま保有しているいわれがなくなるから（703の用語を借りると、「法律上の原因」がないことになる）、相手方へ返さねばならないというわけだ（不当利得の一種といえよう。703条・704条に対する特則とみることができる）。もし売主が既に金銭（代金）を受け取っていたなら、受け取った時からの利息を付けて（この利率について404条参照）買主に返さねばならない（545条2項）。原状回復として金銭以外の物を返還するときは、その受領の時以後に生じた果実をも返還しなければならない（545条3項、債権法改正による新設条文）。原状回復としてお互いに既に受け取っていた物を返還しあう場合には、それらの返還義務相互は同時履行の関係に立つものとされる（546条による533条の準用）。民法は契約が解消された後の始末をつ

けるにあたっても、契約が正常に履行される場合と同様に、公平とか担保とかいうことを考慮しているわけで、いってみれば、表通りと裏通りとで平仄（ひょうそく）をあわせているのである。

　契約を解除したからといって損害賠償が請求できなくなるわけではない（545条4項）。ごく形式的にいうなら、解除→はじめから契約はなかったことになる→債務は不存在であったことになる→債務の不履行ということはありえない→債務不履行による損害賠償請求ということもありえない、ということになりそうであるが、いったんにせよ契約が、もっといえば、それにもとづく債務が効力を生じ、債務不履行が起き、その結果、損害が生じたことは事実であるから、これを形式論理をたてに賠償しないでよいというのは適当でない。法律論をぜひせよというなら、契約の遡及的消滅といっても、それは、債務不履行による損害賠償の関係にまでは及ばない（545条4項はこのことの表現である）とでもいうことになろう。

　契約の解除を法律的に説明するには（これを法的構成という）、直接効果説以外にも説明の仕方があるけれども、ここでは立ち入らない。

●解除と第三者　さて、建物が甲から乙へ売られ（①―乙は登記をしたとする）、乙からさらに丙へ売られた（②）としよう。次いで乙の債務不履行により、甲が甲乙間の売買契約を解除したとする（③―次頁の図を参照されたい）。甲は丙に対して、建物についての所有権を主張できるだろうか（具体的には、丙がたとえば所有権移転登記をしていれば、その抹消登記手続を請求することになろう。また、丙が入居していれば引渡しを請求することになろう）。契約の遡及的消滅というのなら、解除によって①はなかったことになるから、建物の所有権は乙に移らなかったことになり

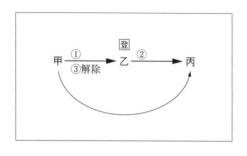

（所有権は終始甲にあったことになる）、丙は無権利者乙から譲り受け
た者として無権利者ということになる。とすれば、甲は丙に対し
て所有権を主張できるはずである。しかし、それでは丙は困るの
ではないか。いったんは乙は所有者であったのであり、その乙か
ら丙は所有権を取得したのに、それを後からひっくり返されては
たまらない。解除がされたといっても、債務不履行をしでかすよ
うな乙を相手方に選んだ甲に手落ちがあったのであるから、その
累を第三者丙にまで及ぼすべきではない。丙が②の契約締結時に、
将来、乙は解除されるかもしれないことに気付いていたとしても
（解除原因について悪意の第三者）、解除するしないは甲の一存できま
ることであり（甲は解除しないかもしれない）、それに、乙が鋭意努
力して解除原因＝債務不履行を解消するかもしれないわけだから、
たとえ丙が悪意であろうと、だからといって直ちに丙が責められ
るべきでもない。こう考えてみると、甲に対して丙は保護されて
しかるべきである。かくて民法も、「第三者の権利を害すること
はできない。」と規定している（545条1項ただし書）。この例のよう
な丙は「解除前の第三者」と呼ばれ、その善意悪意を問わないで、
権利取得を保護される。ただし、解除前の第三者が権利取得を保
護されるためには対抗要件を備えなければならない。この結論じ
たいには判例・通説とも一致しているが、その法的構成となると、

一致しているとはいいがたい。

　判例の法的構成は必ずしも明晰ではなく、その受取り方について説が分かれているが、私によればおおむね、次のように受け取ることができる。即ち、直接効果説によれば、解除により、丙は無権利者となるはずだが、545条1項ただし書によって保護され権利を取得する。他方、解除により、甲もまた権利を回復した。ここに乙を共通の起点とする二重譲渡が成立する。よって、甲丙いずれか早く登記を取得した方が勝つ、と。ふえんしていうと、判例のこの法的構成によれば、本来なら無権利者の丙は同ただし書によって権利者にまで高められる。同ただし書の目的はこの点にあり、また、それ以上ではない。その高められることそのことについて、登記が既に必要ではないのかという問題もありそうだが、判例は不要と解するのであろう。丙が権利者になったとなると、甲丙間の関係は同一不動産をめぐる競争関係ととらえうるので、177条が適用される、ということになる。判例によれば、解除前の第三者は同ただし書の「第三者」として登記を必要とはしないが、177条が適用される結果、結局は登記を備えていないと敗れる、この意味において、解除前の第三者は登記を必要とする、というのである。

　これに対して、通説は二重譲渡とは構成しないで、しかも丙が保護されるためには登記を必要とすると解している。権利保護要件としての登記必要説とでも呼ぶべきであろう。この点については後述する。

　解除前の第三者に対して「解除後の第三者」もある。この場合の甲乙、乙丙、甲丙間の関係については、次頁の図を参照されたい。解除した者甲と解除後の第三者丙との関係については545条1項ただし書は適用されず、甲丙の優劣は、いずれが早く対抗要

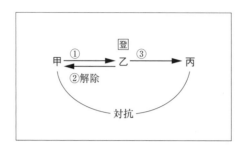

件を備えたかによってきまる（判例・通説）。あたかも乙を共通の
起点として、②③という二重譲渡があったかのように考えるわけ
である。同じく「第三者」といっても、「解除前の第三者」か
「解除後の第三者」かによって、判例はともかく、通説におい
ては、甲丙間の処理の仕方が異なることに注意されたい。

● **二重譲渡帝国主義？　はじめからきめこんではいけない** ●　読者は
　あるいは、こういわれるかもしれない。「『解除前の第三者』の場
　合にも二重譲渡と考えることはできるはずだ。解除によって、終
　始甲のもとに所有権がとどまっていたことになるといっても、
　（ⅰ）終始、甲のもとにとどまっていたことになるのは、いったん
　乙に所有権が帰属し、それが解除によって甲に復帰した結果なの
　だといってもいいし、また、（ⅱ）文字どおり、終始、甲のところ
　に所有権がとどまっていたのであって、乙には帰属したことは全
　くないといってもいい。もし（ⅰ）を選択するなら、甲丙間は二重
　譲渡ではないか。だから判例の立場は支持されてよい。」と。な
　るほど、このように論ずることはできる。しかし、乙を共通の起
　点とする二重譲渡というように法的論理を組み立てうるからとい
　って（法的構成ができるからといって）、直ちに、二重譲渡として
　とらえていくべきだとはならない。二重譲渡として構成した結果
　が妥当なものであるなら、その構成もよかろうが、妥当でないな
　ら、その構成は採用されるべきではない。ただやみくもに、二重

譲渡へもちこむ（二重譲渡帝国主義？──62頁参照）のは適当でない。

　解除した者甲と解除前の第三者丙との関係を二重譲渡と構成する場合には、丙が乙からの譲受後すばやく登記を備えてしまうと、甲は解除しても──丙の方が既に登記を備えているから──丙に常に対抗しえないことになる。甲は乙から早く登記を回復しておけばよいわけだけれども、いかんせん、甲乙間の契約を解除しないままに（甲乙間の売買契約を存続させたままに）、そうすることは──たんに事実上ではなく法律上──できない。すばやく登記を備えた丙にもまして、早く甲が登記を備えるなどということはできないのである。

　ところで177条の立法趣旨は先に述べたように（59〜60頁参照）、先に登記を備えることについて少なくとも法律上の障害がないにもかかわらず備えないでいた者は、対抗できなくなるという不利益をこうむってもやむをえない、ということであった。そうだとすると、丙より先に登記を備えることについて法律上の障害があるために、そうすることができない甲に対しては、登記の不備を理由に不利益をこうむらせることは許されないのではないか（やはり許されると考えて、他方で、丙を常に背信的悪意者と解するのにも無理がある）。このような甲と丙との関係は、もはや二重譲渡をもって律すべき関係（登記具備の先後をもって優劣を決すべき関係）ではないとみるべきではないか。というのは、そこには、優劣を決すべき者について、登記具備についての少なくとも法律上の障害がないという前提が欠けているからである。そこで、乙を共通の起点とする二重譲渡の構成をとらないで、解除によって所有権は乙に1度も帰属せず、文字どおり終始甲にとどまっていたことになると解したうえで、丙の保護は──177条をタッチさせないで──もっぱら545条1項ただし書によるというルートをとる方が無理が少ないであろう。その場合に、通説によれば、丙が甲に対する関係で保護されるためには登記を必要とするので（権利保護要件としての登記）、丙が未登記のうちは、甲も未登記であって

も、甲は丙に対して所有権を主張することができることになるわけである。二重譲渡と解する場合には、丙が未登記でも、甲も未登記なら、甲は丙に対して所有権を主張しえないのであり（ちなみに丙もまた甲に対してしかり）、この点において差が生ずる。

それなら解除した者甲と解除後の第三者丙との関係を二重譲渡と構成することはどうか。この場合の甲は解除をしてしまったのだから、乙から登記を回復するのに少なくとも法律上の障害はなかったわけである。しかるに甲が登記を回復しないままでいる間に、丙が登場し登記まで備えたため、丙に優先されることになっても、甲としてはみずからの怠慢の結果として不利益を甘受すべきである。要するに、このような甲と丙との関係を二重譲渡として処理することにしても、不都合はないであろう。

このようにみてくると、「解除前の第三者」の場合と「解除後の第三者」の場合とでは利益状況が大きく異なり、後者を二重譲渡として処理するからといって、前者をも同様に処理すべきだとはいえないのである。作図をしてみて二重譲渡のフォームに流し込めるからといって、短絡的に二重譲渡的構成をとるべきではなく、二重譲渡として処理した場合の結果を吟味してみて、それが是認できるものと判断した場合に、二重譲渡的構成をとるべきなのである。われわれの対象は法律学なのであって、ユークリッド幾何学なのではない。

●**条文にない要件が加わるわけ―実質論と形式論**● それはそれとして、いったい「権利保護要件としての登記」を要求するのは、どうしてなのだろうか。545条1項ただし書には、そのようなことは書かれていない。それなのにどうして、ここでいう「第三者」は登記を要すると解されるのであろうか。条文にない要件が解釈によって附加される例はしばしば見受けられる。たとえば、94条2項の「善意の第三者」とは「善意無過失の第三者」をさすとされたりするのである。これは、類似の事態について規定する

他の条文（あるいは制度の建前）とのバランス（あるいは調和）の考慮に加えて、関係者間の利害の調整という観点から（これを利益衡量ともいう）、条文にない要件を加えることが適当だという判断によるのである。

解除前の第三者丙についていえば——丙は本来は解除により無権利者とされるのに、545条1項ただし書によって特に保護されることになり（反面において、権利者から権利を奪うことになる）、わが民法の建前としては不動産の譲受人はあまり保護されておらず、もともとの所有権者保護の方に傾いているのだから（無権利者が登記をしているのを信頼して不動産を譲り受けても保護されないのが原則である。動産取引を保護する192条のような条文は不動産取引についてはおかれていない）、その観点からしても、丙は545条1項ただし書によって特に保護されることになる。そうだとすると、このような丙については、保護を与える要件をシビアーにすることが適当である。そうすると、丙を保護するにしても、問題の不動産について世上一般の人々が通常するであろうようなこと、つまり登記までも備えること、せめてその程度までは問題の不動産にかかわりをもつに至っていること、を要求してはどうかということになる。そこまでに至った丙に対しては、甲を失権させるのもやむをえないとするのである。いってみれば、甲丙ははかりにかけられていて、丙がどの程度まで問題の不動産にかかわりをもつかにより、はかりが甲または丙に傾くというわけであって、丙が登記まですれば、はかりは丙に傾く（丙が保護される）というのである。

このような利益衡量いいかえれば実質的価値判断（善悪、是非、当否の判断——実質論ともいう）をくだしたならば（結論をかためたならば）、それを条文の解釈（形式論、法律論ともいう）という形で（というより条文の解釈という衣をかぶせて）表現しなければならない。そこで、545条1項ただし書の「第三者」とは、対抗要件を備えた第三者と解すべきである、ということになる。或る法律的な結論（決断）に到達するまでには、ここでみたように、実質論と形式

論の双方が試みられねばならないこと（前者だけで終わっていては法律を根拠にした決断とはいえない）、および、後者は前者を、条文そのもの、または、その解釈を根拠にして、正当化するために試みられること、が示唆されるであろう。法律上の議論をするときに、この２つをはっきり分けて論ずることが議論をスッキリさせるなどのメリットをもたらすことを指摘しておこう。

●権利保護要件としての登記

通説が、解除前の第三者丙が保護されるためには対抗要件を備えるべきだというときの「対抗要件」は、二重譲渡＝対抗問題の決着をつける基準としての対抗要件ではない。なぜなら、先にも述べたように、甲丙間の関係は二重譲渡として処理されるべきではないからである。甲丙間は二重譲渡の関係とは解されないけれども、甲を失権させ丙を保護するための要件として対抗要件を具備することを必要とするということなのである。本来、二重譲渡＝対抗問題の決着をつける基準であるはずの対抗要件を、そうでない局面に転用しているのである。このような場合の対抗要件を権利保護要件としての対抗要件（当面の場合は登記）という。「対抗要件」ということばに惑わされないで、よく見分ける必要がある。つまり、対抗問題であれば登記必要といえるが、登記必要だからといって、対抗問題でないこともある（逆は必ずしも真ならず）。権利保護要件としての登記は他の場合にも登場するのであるが、それについては将来の講義に譲っておこう。

●契約と事情変更の原則

ところで、契約をいったん締結したものの、その後、病気になったなどという当事者の内部的事情の変化を除き、戦争の開始とか著しく悪性のインフレーションが進行するなど、当事者の力ではどうにも回避しえない外部的事情が変化し、かつ、そのことを当事者が

予期しえなかった場合であって（しかも、その予期しえなかったことは無理もないといえる場合であることが必要である）、当初のとりきめどおり履行させたのでは、いかにも適当でない、衡平でないと認められる場合（ギャンブル、投機を目的とした取引などは危険覚悟ですべきものだから、ここにははいらない）には、契約内容の改訂（たとえば売買代金額の増減）、あるいは、契約解除が許されてしかるべきではないか。これは信義則適用の一場面ということができるけれども、もっと具体的にいえば、「事情変更の原則」の問題として扱われる（たとえば地代・土地の借賃の増減請求を認める借地借家法11条1項はこの原則の一表現といえよう）。

　読者はこういわれるかもしれない。「契約は守らなくてはいけないのだ。それなのに、事情変更を理由に契約の内容を変えるだの、契約をやめるだのいい出したのでは、契約などは守らなくてもいいというようなもので、これではうっかり契約などは結べなくなるではないか。」と。国際政治などを勉強した読者には、条約（国家間の契約）などは紙くず同然とばかり、事情変更どころか全く恣意的にやめてしまう国が少なくとも過去にあったことが、念頭に浮かんでくるのかもしれない（横田喜三郎「条約は紙くずか」同『法律つれづれ草』〔小学館・昭和59年〕59頁参照）。この論法がまことに鋭いことは私も認める。しかし、事情変更の原則を適用するための要件は、先にみたところからわかるように、なかなかきびしい。したがって、「世の中は一寸先は闇だ。世の中は事情変更だらけだ。だから、『事情変更』などを認めたら、もう契約は全くあてにならなくなってしまう。」とまで心配するのは心配のしすぎといってよい。あるいは読者によっては武士気質よろしく、いったんきめたことを後から事情が変わったからやめよう、変えようとは何事だ、といわれるかもしれない。芝新銭座の有馬屋敷

を355両で買った福沢諭吉が事情変更による主張を断固しりぞけ
て、当初とりきめた代金を支払った例を想起せよ。ちなみに、福
沢によれば売買契約を締結するのに証書も手金もいらない、武士
が締結するのにそういうものは一切いらない、「唯売りませう然
らば即ち買ひませうと云ふ丈けの話で約束が出来て」ということ
なのである（以上につき『福翁自伝』〔岩波文庫・平成5年〕250～252頁
参照）。わが民法に無方式の諾成契約（合意のみで成立し拘束力をもつ
ことになる契約、555条参照）が多いのは武士気質に由来しているの
かもしれない。そのほか、第三者の弁済に関する474条2項本文
が武士気質に由来することは広く認められている。武士気質にも
捨てがたいところがあるけれども、程々にするのが適当であろう。
やせがまんのしすぎはよくない。要件をしっかりはめたうえで、
事情変更の原則を認めるべきであろう。債権法改正の過程ではこ
の原則の条文化も試みられたが実らず、判例・学説に委ねられる
ことに落ち着いたのであった。

　以下しばらく、事情変更の原則を素材にして、勉強するときの
着眼点などにふれておこう。これから述べるところは、民法全般
の勉強にかかわるもので重要であるから、比較的多くの紙数を費
して述べておきたい。

　●**要件と効果の関連性**●　　第1に、これはこれから教科書を読む
にあたってのひとつの着眼点であるが、要件と効果との関連に是
非注意して欲しい。というのはこうである。どうしてこういう要
件（P）がはめられるのか（なぜ、これこれのことが要件とされるの
か）というと、実は効果（Q）をにらんでのことなのである。効果
（Q）──これは法律問題の解決策である──を与えると前提した
うえで、そのようなQを与えるというからには、要件の方にもし
かるべくしぼりをかけるべきで、したがってPとすべきだという

のである。いったん結んだ契約をやめさせるだの、内容の改訂を許すだのしようというのだから（つまりこれらがQである）、ただ一身上の都合でまずくなったというだけで、こういった効果を与えるのは適当でない。「契約は守らねばならない」という大原則を破らせるには、それなりの限定が付されねばなるまい。そこで、先に述べたような要件が必要だということになる。この点は前述したが（100～102頁）、重要なことなのでくり返しておく。

　第2に、利益衡量、一般的確実性と具体的妥当性、さらには先例の機能、法的処理の正当化の方法（実質論と形式論）ということを考え、理解するのに事情変更の原則は大変よい素材になる。これも、これからの学習にあたって、心に留めておいて欲しい。

● 「円は円」か　　たとえば、昭和9年に10円を貸した者（X）が、30年後になって、3000円返してくれと借主（Y）を相手方として訴えたとき（話を単純にするため、利息もつかないとし、また損害賠償も請求しないで、ただ元本だけを請求するとしよう）、それを認めるべきだろうか。中途の期間には、戦後のインフレ＝貨幣価値の下落がみられたのだから（物価は大体300倍となった）、Xのいうのももっともである。今さら10円返してもらってもまず何も買えない。それなのに10円さえ返せばいいというのでは、借りた者は得をし、貸した者は大変な損をして衡平感覚にそぐわない。ところが判例・通説の考え方によると、「円は円」であって、Xには10円を返してくれという請求権しか認められないのである（これをノミナリズムという）。世界の傾向としても、むしろこれが大勢である。判例（この設例に近い事案のものとして最判昭和36年6月20日民集15巻6号1602頁参照）は理由づけとして詳しいことは何らいわず、要するに「円は円」なりといっているだけである。

　「だから法律家は『非常識』だと軽蔑されるのだ。何と融通の

きかぬ石頭か。なぜ『円は円でないといけない』のか、何も説明がない。これでは納得がいかない。」と、さっそく非難の声があがるにちがいない。もし非難の声をあげない人がいるとしたら（法律家は別にして）、その人の正義感覚・衡平感覚は大丈夫かと、私は疑いたくなる。

●**具体的妥当性**●　それはそうだが、これから先が問題の核心なのである。たしかに、ＸＹの利害関係だけを視野においているかぎり、Ｘの請求を認めてやることが、この事件の処理としては正義・衡平に適合する（これが具体的妥当性にかなうといわれることである）。しかし、ここには以下にみるような問題がある。即ち――

●**社会的影響の考慮・先例ということ**●　①もしＸの請求が最高裁によって認められたなら、それは先例となって、「それなら私もひとつ……」「いや私も以前貸してまだ返してもらっていないから……」というわけで（紛争が顕在化して社会の混乱を招く）、裁判所へ訴訟が提起されることになろう。そうすると裁判所としても、最高裁の判断に従って裁判せざるをえなくなる（これをいけないとはいえまい。いけないというのは衡平を欠く。先例に従うことの、あるいは、先例の機能のひとつは衡平な処遇の確保にあるからだ）。そしてそうなったとき、世の中には金銭の貸借が非常に多いことを考えてみると、裁判所がパンクしてしまうおそれがある。うっかりＸの請求を認めるわけにはいかない。決定を下すさいには、これが先例になっても困らないかということに頭をめぐらす必要がある（シャイロックの主張をしりぞけることを許したのでは、ベニスの国法は守らなくてもいいということになると述べたポーシャを思え。『ベニスの商人』第４幕第１場）。

●**一般的確実性への考慮**●　②それならというので、あまり現実味はないが、予算をはりこんで裁判官を大幅に増員したと仮定し

よう。それにしても——昭和9年についてだけは最高裁判例を先例にするにしても、それ以外の年については——貨幣価値が何分の1に下ったのかを個々のケースごとに個々の裁判官がきめることになると、バラバラになるおそれがある。A事件では3000円支払え、B事件では2000円でよいとか、まちまちになってしまい、こういうときはこういう法的処理がされるというようにはきまらないことになろう（これを一般的確実性、法的安定性を欠くという。法的処理の結果がきまっていて事前に予測が立つということにならないわけである）。これでは、結論は出たとこ勝負、裁判官しだい、ということになってしまって不衡平を招く。

● **むしろ立法で解決すべき問題か** ●　③それに、たまたま訴えると、いくらかでも多くとれ、訴えない者はそのままだというのもおかしくないだろうか。訴えないのが悪いといっても、訴えたら訴えたで、①とか②とかの問題を招くのだから、訴えない方が社会的見地からするとベターだともいえるのであって、一概に、訴えない者は自分が悪いのだ、とはいいきれまい。むしろ立法をして、一律に、昭和9年の10円は今では○○円、昭和36年の10円は同じく○○円にするというように各年度についてでも定めるべきで、そうすれば大多数の人々はそれに応じた行動をとり、訴訟までする者はごく少数にとどまることになろう。裁判官にしても、事件処理の基準が提示されて都合がよいわけである。

● **利益衡量とは** ●　このようにみてくると、ＸＹ間の具体的妥当性の確保だけをみていたのでは不足で、そのほかに、①〜③を考えてみると、たやすくＸを勝たせるわけにはいくまい。当事者間の正義・衡平だけでなく、そのほかに、より広い視野のもとに考えてみると（それが①〜③である）——つまり、もしＸを勝たせたら、どんな影響が社会に及ぶか、それでよいか、を考えて——この場合には、Ｘを負けさせた方が妥当である、Ｘを負けさせること

によって生ずる不正義・不衡平よりも、それによって得られる社会的利益の方が大きい、と判断する余地が十分ある。このように、大所高所の観点を含めたいろいろな観点から利害得失の検討、利益の比較・調整をすることを利益衡量という。利益衡量をする（要するに実質論を試みる）にあたっては、類似のシチュエーションについての法的処理とのバランスという観点を見落してはならないなど、法律の素人には期待されえない側面があり、利益衡量は法律の素人にでも十分できるものだ、と軽くみてはいけないことを一言しておこう（この点については66頁を参照されたい）。

　当面の問題について裁判所は、おそらく利益衡量の結果、具体的妥当性を犠牲にして（Xを負かせて）、社会的利益ないしは一般的確実性を選択したのである。教科書などには往々にして、条文や法原則の適用にあたっては「一般的確実性と具体的妥当性との調和をはからねばならない。」と書かれているが、いまみてきた事例では、前者の方が優先しているわけである。このように書かれても、はじめて耳にするとわかりにくいのだが、これまでの説明で——「調和」はともかく——一般的確実性とか具体的妥当性とはどういうことか、および、それらが両立しがたい場合があることを了解されたであろう。同時に、いろいろの観点から考えてみなければならないものだということがわかり、また、どういうふうに問題に切り込んでいくものかということがわかっていただければ、この段階では十分である。

●**実質論と形式論**●　　ところで注意して欲しいのは、利益衡量の結果、涙をのんでXを負かせることに結論をきめた、いいかえると、このケースではXを負かすほかない、それがこのケースの解決としてはいいのだ（というより、むしろやむをえない）、という価値判断を下したからといって、そこから直に、「これこれの利益衡量の結果、お前（X）には気の毒だがこのさい泣いてくれ。よってXの請求は棄却する。」としたのでは、裁判（法的処理）にな

らないということである。

　なぜなら、そこには法律ないしは法原則（判例でもよい。以下同じ）による理由づけがなく、それでは法治国家における裁判とはいいがたいからである。そこで、利益衡量の結果得られた結論（これも含めて、これに到達するにあたってなされる利益衡量を実質論とか実質的価値判断とかいう）を、何とか法律ないし法原則によって正当化する（これらにひっかけて「だからどうしてもこういう結論になるのだ」と説明する）こと（これを形式論・法律論という）が必要になる。

●形式論の必要性●　　「ちょっと待ってくれ。何もそんなやかましい理屈をこねなくたって、要はその結論でいいというなら、それをそのまま出せばいいじゃないか。」という声があがるかもしれない。要は、便利であればよい、実利にかなえばよいので、旧来の作法だの伝統の枠組だのといった妙な小理屈に拘泥する必要など一切ない、よければいいんだ、と文学者の中には怪気焔をあげる者も出てくるかもしれない（坂口安吾「日本文化私観」、「続堕落論」、それぞれ同『堕落論』〔角川文庫〕9頁・102頁参照）。

　しかし、文学論、芸術論、文化論ならともかく、法律のレベルの話となるとそうはいかない。早い話が、法律ないし法原則（これらは客観的基準である）にのっとった理由が何ら示されずに、あれこれ利益衡量をした結果、お前を負かした方がよいと思うから、といわれても、負けた本人にしてみれば、裁判官の主観にのっとって自分は裁判されたのだ、とうてい納得できないというに違いあるまい。形式論による実質論の正当化ということは、裁判（法的処理）には欠かせない。そして、法解釈学はこの正当化のやり方を研究するものだ、とすらいえるのである。

●自分で考えること　　ところで、それはまさにそのとおりなのであるが、判例や教科書では、往々にして形式論しか述べられないために、読者の納得が得られない場合

がある。そういうときには、判例評釈や詳細な体系書にあたって みるのもひとつの方法である。それと同時に、もしその形式論、 および、それが導く結論（訴訟の勝敗など）をとらないと、実質的 にだれの利益が害されるのか、社会的見地からみて、何か困った ことが起きはしないのか等々、要するに実質論を自分なりに試み てみられるなら、「なるほど、それならば、」と納得がいくことが 多い。とりわけ、もし自分がそのような結論を押しつけられたな らば何というだろうかというように、自分の身にひきつけてみる と考えも深くなるものである（本居宣長『うひ山ふみ』村岡典嗣校訂 〔岩波文庫〕45頁参照）。

　結局は、一方では、文献を調べて教えを受け、他方では、自分 自身であれこれ考えをめぐらして暫定的にせよ了解点に達するほ かはない（ここで「学びて思わざればすなわち罔（くら）し、思いて学ばざれば すなわち殆（あや）うし」論語為政第二 を想起すべきなのである）。特に自分であれ これ考えてみることが大事なことであって（実質論＝利益衡量ばか りでなく、形式論にしても、よりスッキリした形式論はできないかなどと考 えるべきである）、判例や教科書に書いてある実質論・形式論の丸 暗記は有害無益である。このこととの関連で、次に掲げるエッセ イは、ぜひとも肝に銘じておかねばならない（モンテーニュ『エセ ー』(1) 原二郎訳〔岩波文庫〕264頁——そこに付された（注）や記号は省略 させていただいた）。

　　ところでわれわれの教育は、われわれを損わないというだけでは 十分でない。さらにわれわれを改良しなければならない。
　　わが国の高等法院のあるものは、法官を採用するに当たって、知 識だけを試験する。また、別の高等法院はそれ以外に、何かの訴訟 の判決をさせてみて、良識の試験をする。私は後者の方法がずっと

すぐれていると思う。また、知識も判断も共に必要で、両方を兼ね備えねばならないが、本当を言うと、知識は判断よりも大事ではないと思う。後者は前者なしでもすむが、前者は後者なしにはすまない。というのは、ギリシアの詩に、

　　判断力を伴わない学問が何になるか、

とあるように、分別がなければ、学問は何の役にも立たないからである。どうか、われわれの正義が守られるために、この法官連中が知識と同時に判断と良心をも十分に身につけるようにしてほしいものである。《われわれは生活のためでなく、学校のために学ぶ。》

●利益衡量のむつかしさ ──バランス感覚

利益衡量をするにあたっての着眼点のいくつかについては先に述べた。妥当、穏当な利益衡量をすることは大変むつかしい。利益衡量はいってみれば、諸利益の調整をはかり、そしてその結果、たとえば、こちらの①なる保護に値いする利益には①の保護を与え、あちらの②なる保護に値いする利益には②の保護を与えるというように、過不足なきを期さねばならない（いわゆる「中庸」を得ること）、事態が紛糾しているからといって、安易にたして二分して、本来与えるべき保護に過不足をきたすなどということをしてはならない、諸利益にそれぞれの軽重をつけ序列をつける、こういった作業なのである。あるいは、バランス感覚の問題だといっていいかもしれない。何を基準に利益調整をするのか、バランス感覚を働かせるさいの基準は何か、と問われても、簡単には答えられない。たとえば、人命の尊重という当然というべき基準はあるにはあるが、もっと細かい基準でないと役に立たないことが多い。

　ここではそういう問題に立ち入らないで、利益衡量をするということは大変むつかしいということ（もちろん最終的には自分の責任で決断することになる）、それをするためには、広く学んで視野を拡

大し（文学にももちろん接しなくてはいけない。Posner, Law and Literature, A Misunderstood Relation, 1988.）、速断、臆断、偏見を避けて（デカルトのいう学問の方法の第1原則！　同『方法序説』谷川多佳子訳〔岩波文庫〕28頁・33頁参照）、謙虚に他人の意見に耳を傾け、自分のくだす判断は果して妥当なのかについて常に吟味を怠らないことが必要だということ（「戦々兢々として、深淵に臨むが如く、薄氷を履むが如し」論語泰伯第八を想起せよ）、を指摘するというより、お願いしておきたい。関連した文献として、先ほどは西洋（モンテーニュ）を引用したので、今度は東洋を引用しておこう（宇野哲人訳注『中庸』〔講談社学術文庫〕70頁による。ふりがなについては適宜取捨させていただいた。傍点は筆者による）。「中庸」を得ることがいかに至難の業であるかを喝破して余すところがない。

　　子曰く、天下国家をも均しくす可きなり。爵禄をも辞す可きなり。白刃をも踏む可きなり。中庸は能くす可からざるなり。

●**特に売主の義務について**　　上述してきたところまでは、不動産売買契約を主として念頭において、売主・買主それぞれの債務不履行の場合における契約責任（債務不履行責任）について解説してきた。それは売買契約以外の契約についても、広くあてはまる内容であった。それを承けて、これから以後は不動産売買契約ばかりでなく、動産売買契約をも念頭において、特に売主の義務（それには買主の権利が対応することはもちろんである）にしぼってみていくこととする。これは債権法改正前には売主の担保責任と呼ばれていたものである。以下、2つに分けて述べる。

●他人物売買　第1に、他人の権利の売買（他人物売買と略称されることもあり、以下これを用いる）からみていく。そこでの中心的問題は、同改正前には「権利の瑕疵（かし）」、「売主の追奪担保責任」として扱われていた問題であって、これらの名称は今後は用いられなくなろうが、問題の実質には変わりはない、といってよい。

　例を挙げよう。甲は乙との間で第三者丙が所有する建物（以下、本件建物という）について売買契約を締結したとする。その場合に、甲が丙から本件建物を売却するための代理権を与えられて、丙の代理人として（「本人丙、代理人甲」として）乙との間で売買契約を締結したのであれば、乙は本件建物の所有権を取得することができる（売買契約は売主丙、買主乙として丙乙間に直接成立し、所有権は丙→乙に直接移転する—99条1項）。

　これに対して、他人物売買では次のようになる（下図参照）。即ち、甲は丙所有の本件建物を甲自身が売主となって（甲は丙から本件建物売却の代理権を与えられていないから、丙の代理人ではない）、乙を買主として、乙に売却する。これを他人物売買と呼ぶ。民法は他人物売買（これはもとより契約である）の有効性を認めることを前提とした条文を用意している（561条）。契約はつまるところ約束だということを想起するなら、今は丙所有の本件建物を何とか甲が

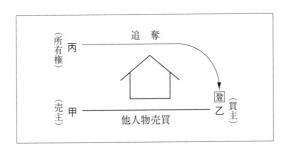

丙から譲り受けて、次に乙に譲渡します、そうしてください、と甲乙間で約束することは可能であり、不法なことでもないはずである。実際にもかつての「不動産バブル」の頃には、他人物売買をビジネスとして全国展開した甲（「地上げ屋」と呼ばれた）が多数出現したのであった。

　他人物売買にあっては、所有権移転コースは丙→甲→乙となる。つまり、甲は何とか丙を説得して丙から甲に所有権を移転させ、次いでその取得した所有権を甲は乙に移転することにするのである。おそらく他人物売買をする甲の意思はこうしたところにあり、乙としても普通は同様の取得経路をイメージしているのであろう。他人物売買とは当事者甲乙がこうした取得経路を合意した契約だ（もちろん代金についての合意もしているはずである）といえばよい。561条もこうした契約だということを前提にして、「売主は、その権利を取得して買主に移転する義務を負う。」と定めているのである。

　他人物売買において問題となるのは、もし丙が所有権を手放したくないとの意思を表明したときはどうなるか、ということである。

　そもそも丙にしてみたら、甲乙間でどういうことをとりきめようと、自分(丙)としては所有権を手放すのはいやだといえるはずである。契約は契約当事者を拘束するけれども、契約外の者（第三者）に拘束力を及ぼすこと、とりわけ不利益を及ぼすことは、明文の規定でもない限り認められない（これについてはまず異論はない）。こんなことは当然のことであって、もしそうでないことになれば、丙はいつ本件建物を売られて追い出されることになるかもしれず、夜も安心して眠ることができなくなろう。

　この場を借りて一言しておく。財産権の分類のうち、とりわけ

物権、債権という分類は重要である。物権（その代表は所有権、206条）は物に対する直接支配権であって（賃借人は賃借物を直接支配するように見えるが、それは使用させるという賃貸人の意思にもとづくものだから直接支配といえない。賃借権が債権とされるのはこのためである）、天下万人に主張しうる（対世権）。それに対し債権は特定人（債務者）に対してのみ、債権者が作為・不作為を請求しうる権利である（相対権）。

　物権関係と債権関係とは理論上は別の関係であるが、両者が重なってしまって、そのことがはっきりしない場合がある。甲が自己所有の物を乙に売る契約をしたような場合が、そういう場合にあたる（176条参照）。他人物売買の場合には、両者が別の関係であることがはっきりする。対世権、相対権という違いもはっきりする。物権・債権の基本的な相違を勉強・説明するのには、他人物売買の事例を用いるのが最も適切だ、と私には思える。

　さて、丙が所有権を手放すのはどうしてもいやだというと、乙は甲から所有権を取得することができなくなる。乙がたとえいち早く本件建物について乙名義の登記をしていたとしても、真の所有権者丙から抹消登記手続を請求されれば応ずるしかない（これを丙によって追奪されるなどという）。こういう事態にいたったとき、乙は甲に対してどういう請求をすることができるだろうか。

　これは要するに、他人物売買契約にもとづく甲の乙に対する債務不履行責任の追及であって、わざわざ担保責任の追及などというまでもないくらいである（「売主の担保責任」が論じられていた時代でも、他人物売買の場合のそれは債務不履行責任の問題だと説かれるのがむしろ通説であった）。その具体的内容は、甲の乙に対する本件建物所有権移転債務の履行不能（全部不能）に対する救済ということで、乙は甲に対し債務不履行による損害賠償（債務の履行に代わる

損害賠償）の請求をするか（415条1項および2項1号）、または、甲に対し契約を無催告解除して、既払の売買代金（これがもしあればの話である）およびそれに利息を付した額の返還、さらに損害があればその賠償をも請求することになろう（542条1項1号・545条1項2項4項）。

　乙がこのような救済を認められるにあたり、他人物売買契約の締結時において、本件建物が「他人物」であることに乙が悪意であった場合には、乙としては、その他人（つまり丙）が所有権移転を承諾しないこともありうると覚悟すべきだったという考え方に依拠して、解除は認めても、そのほかに損害賠償請求（たとえば、乙が予定していた転売利益の喪失をカバーせよとの請求）までは認めないというように、乙の善意悪意により区別することは債権法改正後はされないことになった（そうした区別扱いを認めていた同改正前の561条は廃止された）。いやしくも甲が他人丙の所有物を乙に売ると乙と契約したからには、もし丙が所有権を手放すことをいやがることがあれば、何とか丙を説得して、結局乙に所有権が移転するようにしますから、と乙に約束し、それだからこそ乙も買う気になったというのが通常の場合であろうから、乙の善意悪意で区別することなく、甲としては、債務不履行の一般原則にもとづく責任を乙に対してとるべきであろう（甲が乙との間で、乙の善意悪意で区別する扱いをするとの契約をすれば話は別になるが、そうした契約に乙が応ずるものかどうか、私は疑問を抱く）。他人物売買についてはこのくらいにして、先に進みたい。

●売主の契約内容不適合責任

　第2に、売買の目的物が売主から買主に引き渡された場合に、その目的物が種類、品質または数量に関して契約の内容に適合しないものであるときに、売主は買主に対して契約内容不適合責任

とでも呼ぶべき責任を負うべきことになる（562条〜564条）。この「契約内容不適合責任」とは、売買契約にもとづく債務不履行責任にほかならない。

　債権法改正前には、学説はこの責任を特別扱いし、目的物が特定物か不特定物（種類物ともいう。以下「種類物」を採用）かで区別したり（「特定物ドグマ」の強調）、問題の契約内容不適合性が売買契約締結時に「隠れて」いたかどうか（「隠れた瑕疵」にあたるかどうか）を問題にしたり、あるいは、売主の担保責任は無過失責任であって、一般の債務不履行責任（債務者の損害賠償責任）が過失責任である（債務者に帰責事由があることを必要とする）のと異なるなど、が強調されてきた。判例は昔から特定物ドグマにはこだわらず、学説もここ30年ほど前からは、担保責任とは契約内容不適合＝債務不履行責任であって、そのことを踏まえて、売買取引の実際的必要に合致するような内容に改められるべきで、立法を待たないでも解釈によりそうすべきものであると説いてきた。たとえば、きず物を引き渡された買主は、同改正前の570条およびその準用する566条によれば、目的物の修補請求・代金減額請求を認められないが、担保責任がもともとは債務不履行責任であるのなら、解釈によってこれらの請求も認められるべきだという主張が次第に有力になり、通説に近くなっていたのであった。

　こうした動向を踏まえて、債権法改正においては、これまでの担保責任の特別扱いをやめ、この責任は本来は債務不履行責任だという見地に立ち、かつ、売買取引の実際的必要をも顧慮して（たとえば代金減額請求や修補・取替請求を認めないなどは、むしろ非常識ではないか）、条文の改正に踏み切ったのである。それは以下のとおりである。

　まず483条の改正。同改正前の同条は「債権の目的が特定物の

引渡しであるときは、弁済をする者は、その引渡しをすべき時の現状でその物を引き渡さなければならない。」と定めていた。同条の解釈として、一時期の有力学説は、問題の特定物（たとえば、陳列棚に並べられた数台のモーターのうち「塗装の色合いのよいこの」モーター）が売買契約時かつ引渡し時に損傷しており、しかもその損傷が売買契約時に「隠れ」ていれば、引渡し時には判明していたとしても、引渡し債務を負った売主は損傷したままに引き渡さなければならず、またそれでたりる。特定物はこの世にその１個しかない物だから、損傷していたら、それはそれでそのまま引き渡すしかないのだ、と論じたのであった（これを特定物理論、特定物ドグマという）。しかし、特定物はこの世にそれ１個しかない物だとしても、売るからにはきちんとした物を売るべきであって、売主としては売るにあたってよく点検をして、完全な物を売る（引き渡す）べきであったのではないか。特定物だからというだけで、きず物はきず物として売ればたりるのだなどというのは非常識なのではなかろうか。

　債権法改正によって、483条は次のように改正された。即ち、「債権の目的が特定物の引渡しである場合において、契約その他の債権の発生原因及び取引上の社会通念に照らしてその引渡しをすべき時の『品質を定めることができないとき』は、弁済をする者は、その引渡しをすべき時の現状でその物を引き渡さなければならない。」（二重かぎは筆者による）と。電気機械の販売店で買主が何台も並んでいる同種のモーターの中の１台を「塗装の色合いのよいこれ」と指定して買った場合には、それが引き渡されるべき時の品質としては色合いもさることながら、無きずの物ということが売主・買主双方とも当然のこととして前提されているのであって、それこそこの改正条文の二重かぎ内にいう「品質を定め

ることができ」る場合にあたるのである。まともな売買なら、き
ず物でよろしいなどという当事者はおそらくいまい。そして「品
質を定めることができ」るのであれば、その品質どおりの物を引
き渡さねばならない。わざわざ改正法を設けたのは、まさにこれ
を言いたいからなのである。そうなると、改正法の下ではきず物
とわかれば修補（修理）するとか、同種のモーターの別の1台と
取り替えるとか、それとも「きず」の分だけ代金減額をするとか
すべきであって、特定物だからこれらのことはお断りしますなど
という販売店に、客はこなくなるだろう。

　債権法改正では483条改正を承けて、次のような条文を設けた。
まず、買主には追完請求権があると定めた。即ち、「引き渡され
た目的物が種類、品質又は数量に関して契約の内容に適合しない
ものであるときは、買主は、売主に対し、目的物の修補、代替物
の引渡し又は不足分の引渡しによる履行の追完を請求することが
できる。ただし、売主は、買主に不相当な負担を課するものでな
いときは、買主が請求した方法と異なる方法による履行の追完を
することができる。」（562条1項—この本文の定める売主の義務について
は売主の無過失責任と解すべきであろう。同条2項では不適合が買主の責め
に帰すべき事由によるものであるときは、買主は追完請求権を認められない
とする）。

　続いて、買主の代金減額請求権を認めて、次のように定めてい
る。即ち、562条1項本文に規定する場合に、「買主が相当の期間
を定めて履行の追完の催告をし、その期間内に履行の追完がない
ときは、買主は、その不適合の程度に応じて代金の減額を請求す
ることができる。」（563条1項）。これに加えて、履行の追完の催
告なしに直ちに代金の減額を請求できる場合を列挙する（同条2
項、履行の追完不能等4つの場合を挙げている）。買主が代金減額を請

求することができない場合も定められている（引き渡された目的物の契約不適合が買主の責めに帰すべき事由による場合、同条3項）。

　さらに続いて、買主の損害賠償請求権および解除権の行使について、買主の追完請求権・同じく代金減額請求権の行使が認められることになっているからといって、買主による債務不履行にもとづく損害賠償請求（415条）および契約解除権行使（541条・542条）を妨げるものでない旨の条文が置かれている（564条—いうまでもないが415条・541条ひいては542条の要件充足が必要となる）。

　最後に、期間制限に関する条文を挙げておかねばならない。債務不履行にもとづく債権（追完請求権、代金減額請求権、損害賠償請求権は債権である）は原則として5年（権利を行使することができることを知った時から5年、166条1項1号）の消滅時効にかかるけれども、買主についてはもっと短かい権利行使期間が設けられている。目的物の引渡しを受けた買主が、その物が種類または品質に関して契約の内容に不適合なことを知った時から1年以内にその旨を売主に通知しないときは、買主はその不適合を理由として、履行の追完の請求、代金減額の請求、損害賠償の請求および契約の解除をすることができない（566条本文、ただし、「売主が引渡しの時にその不適合を知り、又は重大な過失によって知らなかったときは、この限りでない。」同条ただし書）。買主としては引渡しを受けたときは、できるだけ早く目的物を検査することが必要であろう（商人間売買における特則、商法526条の「買主の遅滞なき検査、目的物が契約不適合との通知を直ちに発する義務」も参照）。

　売主の契約内容不適合責任の解説は以上でほぼ尽きたと思えるが、なお2点ほど追記しておきたい。

　その1——債権法改正の結果、「隠れた」瑕疵（欠陥）という表現は姿を消した。これは隠れていようといまいと、その欠陥が

契約内容に不適合かどうかが問題だという立場が採用されていると受け取るべきものだろう。それにこうもいえよう。即ち、買主が欠陥が露呈している目的物を無留保で買った場合には、その欠陥ある物として売買契約を成立させたと解され（その欠陥分だけ代金が安く定められていた場合には、なおのことである）、「契約内容不適合」ということにはならないのだから、上述したような買主救済のための条文は、よほどの特殊事情がある場合を除き、適用される余地はないであろう。

　その２——たとえば、売買の目的物（土地）に第三者が利用権（たとえば地上権、対抗要件具備済）を有している場合に、売主がこの事実を秘し、買主（土地のフル活用を目論んでいた—日本ではこれが普通である）もこの事実を知らずにこれを買って所有権を取得したところ、その地上権者から地上権を対抗され、土地のフル活用ができないことが判明した。こういう場合には、買主が取得した所有権は売買契約の内容に不適合なものとして、先に述べた買主の追完請求権（562条、修補・代替物引渡し・不足分の引渡し）、代金減額請求権（563条）、564条を介した損害賠償請求権（415条、同条１項ただし書が適用されることは実際問題としてはまれではないか）、解除権（541条および542条、解除するのに債務者に帰責事由があることは必要でない）の諸規定が準用されることになる（565条）。おそらく買主にとって最もよい解決は、フル活用できる代替地が提供されることであろうが（562条の準用）、それができない場合には代金減額請求か、損害賠償請求か、解除して損害賠償請求をするか、ということになるだろう。

●担保責任免除特約　　売主と買主との間で、売主は担保責任を負わない旨のとりきめ（特約、これは契約である）をすることがある。より具体的にいうと、562条１項本文

（買主からの修補、代替物の引渡し、または不足分の引渡しによる履行の追完請求）による、または565条（移転した権利が契約内容に適合しない場合の買主の請求）による担保の責任を、売主は負わない旨の特約が売主買主間で結ばれることがある。

572条はこうした特約は有効と前提しつつ（これらの条文が任意規定と解されるのに異論はないところだから）、しかし、売主が知りながら告げなかった事実、売主が自ら第三者のために設定していた権利（たとえば先に挙げた例のように、売主が売買の目的地に地上権を設定していた場合）または第三者に譲り渡した権利（目的物の全部または一部を売主が第三者に譲渡していた場合）については、同特約の効力は認められないと定めている。同特約に対するこのようなブレーキは最低限度必要であり、買主保護・消費者保護をもち出すまでもないくらいであろう（この程度のブレーキもかけないとなっては、売主の詐欺行為を許すに等しいからである）。こうした債権法改正を受けた消費者契約法の改正については同法の講義に譲っておく（同法8条2項参照）。

以上をもって、契約が履行されなかった場合の法的処理についての解説を終わる。この場を借りて、債権者の権利（債権）を保全する（確保する）方法について、典型的事例に即して、それもごく手短かにふれておく。以下においては、債権者をA、債務者をBと表示する。

●債権者代位権　　たとえば、AがBに対し金100万円の金銭債権 f_1 をもっているとしよう。AはBから f_1 を取り立てようとするのだが（f_1 の弁済期は到来しているとする）、Bは応じない。Bは、財産といえばCに対する100万円の金銭債権 f_2 をもっているだけで、ほかには何ももっていない。このように仮定しよう。Aとしては、BがCから f_2 を取り立てて、そうして、

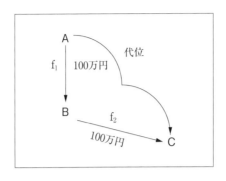

その取り立てたお金でf₁を支払ってくれることを望むのだけれど
も、Bはf₂を取り立てようとしない。それもそのはずで、Bにし
てみると、f₂を取り立てても、得をするのはAだけだから、取り
立てる気にならない。Bがf₂以外に財産をもっていて、その財産
に対し強制執行することによって、f₁の満足が得られるというの
なら、Aとしても（そのように強制執行すればよく）、Bがf₂を取
り立てなくても何ら困らない。しかしBの財産状態が悪くて、f₂
をおいてはf₁が満足されないのであれば（このようなBを無資力とい
う）、話は変わってくる。

　こういう場合に備えて、債権者代位権という制度が設けられて
いる（423条）。それによれば、Aは自己の債権f₁（被保全債権）を
保全するため債務者Bに属する権利f₂（被代位権利、代位客体）を行
使することができる（上図参照。同条1項ただし書には立ち入らない）。
即ち、Aはf₁の弁済期の到来するのを待って（同条2項本文参照）、
Aの名において（つまりBの代理人の資格においてではなくて、あたかも
A自身がf₂の権利者かのように）Cに対して、f₂についてAに支払う
よう請求することが許される（裁判外でも請求しうる）。Cがそれに
対して任意に応じないのであれば、AはA（Bでない）を原告、
Cを被告とする取立（支払請求）訴訟（債権者代位訴訟）を提起し

て（もとより勝訴する必要があるが）目的を達することになる（裁判上・裁判外を問わず、CがBに対して主張しえた抗弁を、CはAに対して主張することができる。423条の４）。AはCから──任意にせよ裁判によるにせよ──取り立てたお金を、f_1の満足にあてるわけである（423条の３）。

　本来なら、f_2を行使するしないは権利者Bの勝手で、Aが介入してくることは許されない。それはそのとおりだが、Bが無資力の場合には、そのようなことはいっておれない。Aは要するに金100万円を取りたいのだから、Bがf_2以外に財産（たとえば不動産）をもっていて、そちらから十分取れる場合には、f_2などを行使するまでもなく（Bの権利行使に対する干渉をするまでもなく）、そちらから取ればよいのだが、Bが無資力であって、f_2に手をつけるしか方法がないのであれば、Aを保護するためには、Aをしてf_2を行使させてもやむをえないだろう。Bがf_2以外に財産をもっていて、Aがそれに強制執行して行けばf_1の弁済に十分という場合には、「自己の債権f_1を保全するため」にf_2を行使する必要はない。Aが「自己の債権f_1を保全するため」にf_2を行使する必要があるときとは、上記のような場合でない場合つまりBが無資力の場合なのであって、「自己の債権を保全するため必要があるとき」（423条１項本文）とはBの無資力必要を表現しているといえる。なお、債権者代位はAによるf_2の差押えに類似している。差押えと異なり債務名義を必要としないが、無資力要件が必要とされるのである。

　債権者代位権は、AのBに対する登記請求権（f_1にあたる）を保全するために、AがBのCに対する登記請求権（f_2にあたる）を行使するという形で利用されることがある。先の図で「100万円」とあるところを「登記請求権」でおきかえてみられたい。不動産

がC→B→Aと譲渡されたのに、Cが登記をBに移さない。Aとしては自分名義の登記を取得したいので、Bを代位してCからBへ登記を移し、次いでBからAへ登記を移そうというわけである。このような場合には、AがBを代位するにつき、Bが無資力であることは要件とされない（判例・学説を通じて異論がない）。なぜなら、BがBのCに対する登記請求権以外に財産を十分にもっているからといって、その財産に強制執行してお金をもらえばいいというわけではなく、Aの目的はあくまでCからBへの登記の移転（それをすることが、BからAへの登記の移転の前提となる）そのものにあるのだから、Bが資力を有しようと有しまいと、代位を認められる必要があるからだ。登記請求権の代位行使のような場合を、債権者代位権の転用と呼んでいる（債権法改正はこれを条文化して承認した―423条の7）。この転用は、賃借地をCによって不法占拠されている賃借人Aが、自己が地主Bに対してもつ債権（賃借した土地を約定どおり利用させよと請求する権利）を保全するため、BがCに対してもつ、所有権にもとづく妨害排除請求権を代位行使して退去を請求する場合にも認められるべきだとする学説が有力だが、条文化して承認されるまでにはいたっていない。それはそうとして、このようにみてくると、債権者代位権は行使すべき権利を行使しない腰の重い者の向うを張って、債権者が自己の権利を保全するのに有力な武器を提供するものということができよう。

　上述の例に出てきたようなAのBに対する登記請求権やAのBに対する賃借地利用請求権を特定債権といい、被保全債権が特定債権である場合には、債権者代位権行使のためにBの無資力を必要としないが、被保全債権が金銭債権である場合には、Bの無資力を必要とするというのが、久しく維持されてきた判例・通説であったけれども、被保全債権が金銭債権である場合にも、場合に

よってはBの無資力を必要としないでよいのではないかということを示唆する判例もみられるようになった。学説には被保全債権が金銭債権である場合にも、Bの無資力要件は必要でないと解すべきだという立場が有力になっており、将来の動向が注目される。

　債権者代位権について、補足をしておこう。

　その1——実際の利用としては、f_2がBのCに対する契約取消権、契約解除権、消滅時効援用権である場合に、これらの権利（形成権）をAが代位行使することが比較的多い。Aがこれらのf_2を代位行使することによって、そうでなければBの財産が減少するのを阻止することができるわけである。無担保債権者（一般債権者ともいわれる）Aにすれば、自己の債権f_1を回収する最後のとりではでは債務者Bの一般財産（担保物権の客体になっていない財産、責任財産ともいう）なのだから、何とかこの一般財産を確保したいので（Bの責任財産を保全したいので）、債権者代位権を行使してでもと努力することになる。直上に挙げたような権利の代位行使はもちろん、作図の事例における代位行使もその狙いは、代位行使によってBの一般財産を確保することにあるといえるだろう。

　その2——作図の事例における債権者Aは被代位権利f_2を行使する場合に、f_2が金銭の支払または動産の引渡しを目的とするものであるときは、相手方Cに対し、その支払または引渡しを自己に対してすることを求めることができる（その支払または引渡しがされたときは、被代位権利は消滅する。以上につき423条の3参照）。このようにCからAに対する直接支払・引渡しを認めることの可否については債権法改正前から議論があったが、判例は古くからこれを肯定してきた。債権法改正によって、条文を新設して肯定説の採用を明文化した（それが直上に引用した条文である）。

　債権者代位権は債務者Bの責任財産を確保することを目的とす

る制度であって、その確保された財産はBの一般債権者の間で債権額に応じて分配されるべきなのに（債権者平等）、CからAへの直接支払または引渡しを認めると、事実上Aの独占を許すこと（債権者平等に反してAを優遇すること）になってしまい（AがCから受け取った金銭または動産を他の債権者に分配する手続も定められていない）、制度本来の趣旨にそぐわないではないか。これが議論の中心であった。今後もこの議論はおそらく続き、その成り行き次第では立法論が浮上するかもしれない。さしあたっては、この程度にとどめておく。

　以上のほか、債権者の被代位権利行使の範囲には限度はないのか（423条の2）、債権者が被代位権利を行使した場合には、債務者は被代位権利について自ら取り立てその他の処分をすることは許されなくなるのかどうか（423条の5）、手続法の問題として、債権者が債権者代位訴訟を提起したときは、債務者に対し訴訟告知をしないでもよいのかどうか（423条の6）、という問題も以前から議論されてきた。債権法改正では条文を新設して、これらの問題に一応の解答をした。どうか直上で引用した条文を自分で読んでみて欲しい。

●**詐害行為取消権**　債権者代位権は債務者Bに対して干渉することを債権者Aに許しているといえるのであるが、干渉の度をもっと高めた制度もある。たとえば、BがCにBの唯一の財産である土地を不相当な価格で売ってしまったとする（BからCへの移転登記もされた。次頁の図参照）。Bはこのような処分をすることによって無資力となり、その結果、AのBに対する債権f（たとえば貸金債権）が満足されなくなること（債権者を害すること）を知っており、かつ、C（受益者という）も売買契約締結当時に、そのことを知っていた（悪意であった）としよう。判

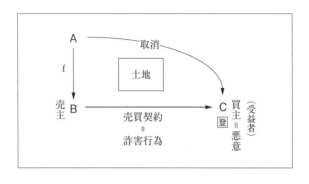

例・通説によれば、このような場合には、AはCを被告にして（とかく所在不明等で手続追行の妨げとなるので債務者Bは被告とされない、424条の7参照）、BC間の売買契約（詐害行為）を取り消して、かつ、登記をBに戻すことを裁判所に請求することができるのである（424条1項・424条の6第1項第1文参照。後者を原物返還主義といい、原物返還が困難なときは債権者は価額償還を請求することができる、後者の第2文参照）。これを詐害行為取消権制度という。実際にはCから譲り受けたD、Dからさらに譲り受けたEなどが登場する事例が多いけれども（これらを転得者という）、以下ではCのみが登場した事例に限っておく。詐害行為取消権について以下少しばかり説明しておこう。

（ⅰ）　詐害行為取消権は裁判外における行使を認められず、必ず訴訟を提起して行使しなければならない。「裁判所に請求することができる。」（424条1項本文）などと、一見当然にみえることをわざわざ明記したのは、この意味である（この点で他の権利と異なり、その性質は訴権と解されている）。

（ⅱ）　問題の土地が相当な価格で売却されたにしても（Bの財産の総額に変わりはない）、不動産が金銭に変わることは実質的な担保力の低下を意味し、債権者を害するというべきである（金銭の

隠匿・消費を思え）。判例が慎重にも、原則として詐害行為になるとの立場をとってきたのには一理あった。

　しかし、債務者が相当の対価を得て受益者に売却した場合には、原則として債権者は詐害行為取消請求をすることができないことに、債権法改正により改められた（424条の2柱書）。これは、多くの場合に窮状にある債務者が、状況打開のための資金を取得することができるようにするためである（例外的に債権者が詐害行為取消請求することを認められるための3要件につき同条参照）。

　（ⅲ）　登記がCからB（CからAではない）へ戻ったならば、Aはその土地に対し強制執行をして（その場合にはAはBに対する債務名義を取得しておく必要がある）、その土地をお金に換え、Bに対する他の債権者が配当加入をしてきた場合には、Aとその者との間で債権額に応じて按分することになる（手続は民事執行法の定めるところであって、ここでは立ち入らない）。

　この場合に、詐害行為取消訴訟の被告にされていなかったBとしては、同訴訟の確定判決はACを拘束するにしても、Bには及ばないから、この土地についてAの強制執行を受ける筋合にないと主張したいところだが、債権法改正はこういう主張を封ずるために、同訴訟の確定判決（A勝訴のそれ）は「債務者及びその全ての債権者に対してもその効力を有する。」と定めたのである（425条および債務者に対する訴訟告知につき424条の7第2項参照）。

　このように、詐害行為取消権は債務者からいったん逸失した財産を取り戻して、債権の引当てにするための——もっというと——強制執行を準備するための制度なのである。担保をとっていない債権者（一般債権者）があてにできる財産はといえば、債務者の財産のうち、担保の客体となっていない財産（一般財産、共同担保財産 le gage commun）であるし、また、それしかないのだから、

それが債権者を害してまで処分されて、強制執行の対象からはずれてしまうのでは、債権者はたまらない（Aにしてみると、問題の土地をBが所有しているからというので貸付けをしたのに、といいたくなるだろう）。そこで、詐害行為取消権制度が用意されているのである。それにしても、Aにしてみたら、Cに対する詐害行為取消訴訟とBに対する支払訴訟とを提起して、ともに勝訴しないといけないわけだから煩雑であるには相違ない。

（iv）　詐害行為取消権の行使方法の1つとして、同取消権行使により、債権者が受益者に対して金銭の支払または動産の引渡しを求める場合には、受益者に対してその支払または引渡しを自己に対してすることを求めることができる（424条の9第1項）。債権者代位権についても類似の定めがあったことを想起して欲しい（423条の3参照）。詐害行為取消権についていえば、こうした扱いを認めることは、債務者に対する債権者のうち、詐害行為取消権を行使した債権者をそれ以外の債権者よりも事実上優遇することになることが予想され、債務者の責任財産を保全するための制度としての詐害行為取消権の本来の趣旨に調和しないではないかという異論もかねてから有力であったが、債権法改正では、こうした直接支払、同引渡しを認めることとしたのである。議論は今後もなお続き、おそらく、立法による決着を再度つけるほかないであろう。

（v）　先の図（164頁参照）に即していうと、BがCに対して土地を価格1000万円で売り、登記もBからCに移転し、Cは代金をBに支払ったところ、Bの債権者Aがこの売買契約を詐害行為として取り消し、登記もBに戻った（AC間の詐害行為取消訴訟はAの勝訴に終わった）。この場合におけるBC間の売買契約の効力はどうなるか。

債権法改正前の判例・通説は詐害行為取消の効果として相対的取消説を採用し、同取消は「Ａに対する関係でのみ」ＢＣ間の売買契約を取り消すにとどまり、ＢＣ間においてはＢＣ間の売買契約は影響を受けない（この契約はＢＣ間では有効であり続ける）という立場をとってきた。この立場は債権法改正の結果、変更されたのか、それとも変更されなかったのか。

　同改正の結果新設された条文によれば、ＣはＢに対し、ＣがＢに支払った売買代金の返還を請求することができるとされている（425条の2第1文）。もし上で述べた相対的取消説を採用すると、ＢＣ間の売買契約は有効に存続し、ＣはＢに売買代金を有効に支払ったことになる。しかし、Ａの詐害行為取消訴訟の結果、Ｃは登記をＢに戻されて、土地を買った意味がなくなってしまった。こういう事態の招来はＢ（売主）のＣ（買主）に対する売買契約上の債務不履行なのではないか。それならＣはＢに対して債務不履行による損害賠償として、支払済の売買代金額相当の金銭の支払を請求できてよいだろう（415条1項本文・416条1項参照）。あるいは、ＢＣ間の売買契約は有効にとどまるからといって、買主としてのＣが土地を買ったことの意味が失われたのに（しかもそれを招いた原因の一半はＢにあるのに）、Ｃが支払済の売買代金額全額を損することになるのでは公平を欠くだろう。それならＢは悪意の不当利得者または不法行為者として（704条または709条）、Ｃに対して、損害賠償としてＣが支払った売買代金額相当の金銭を支払わせるという解決が妥当なのではあるまいか。

　こうみてくると、新設条文の出現は相対的取消説と抵触をきたすものではないとみることもできる。しかしさらに考えると、詐害行為取消の効果として絶対的取消説を採用し、ＢＣ間の売買契約はＢＣ間においても取り消され無効に帰するという立場をとっ

たときは、ＢはＣから受領した売買代金を不当利得したことになり、結局、これに利息を付して返還し、ほかに損害があればそれも賠償しなければならなくなる（704条）。

　こうみてくると、相対的取消説・絶対的取消説のいずれも、結論は近いところに落ちつきそうである。しかし、そもそも詐害行為取消訴訟においてＢを被告とはしないとしながら、そのＢを当事者とするＢＣ間の売買契約をＢＣ間においても取り消す（そして無効にする─絶対的取消説）ようなことは手続的正義に反していて、たやすくは是認されがたい。そうなると、新設条文のもとでも、これまでどおり、相対的取消説が前提されていると受け取っておくべきであろうか。今後の議論（Ｃが悪意であったことをどう評価するかを含む）の発展に注目したい。

　（ⅵ）　詐害行為取消権には期間制限が付されていることに注意しておこう。どうか改正された426条を一読されたい。旧規定では「時効」という表現がみられたが、改正条文からはその表現は姿を消した。そうすると、改正条文の期間制限は「時効」として制限するというのか、それとも、それとは別種の期間制限なのか。今後の学習にあたって、留意されることを願っておく。

　（ⅶ）　最後に、詐害行為取消権を学習するには破産法の規定ではどうなっているかについても及んで欲しい（特に同法の否認権規定、160条～176条参照。たとえば同法161条１項、「相当の対価を得てした財産の処分行為の否認」などは民法424条の２によく似ている）。もっとも、初学者が破産法の学習にとりかかるのは民法財産法が一通り済んでからでよく、さしあたっては詐害行為取消権制度は破産制度に非常に近い仕組をもったものだという程度でよいと思う（それにしても破産法の否認権制度の条文くらいには接してみて欲しい）。

●債権者平等の原則 と物的担保制度

債権の保全といえば、どうしても債権者平等の原則にふれざるをえない。いま債務者Aに対して、一般債権者甲乙丙がいるものとし、それぞれの債権額は100万円、200万円、300万円であるとする（利息、損害金は度外視しておく。以下同じ）。また、Aの一般財産としては土地があるとする（下図参照）。Aが債務を弁済しないので、たとえば甲が土地に対し強制執行をし、この土地をお金に換えた場合に、それが600万円を超えなかったとすると、そのお金を甲乙丙三者の間で、それぞれの債権額に按分して分配するのであり（結果としては1〜2割ぐらいしかまわってこないこともある）、債権成立の先後、債権発生原因（売買によるか貸付けによるかなど）のいかん、は問うところでない（お金に換えたところ、600万円を超えたのであれば、三者それぞれ満額回収でき、余りがあればAに交付することになる）。つまり債権者は平等に処遇される。これを債権者平等の原則という（破産法にこの原則の片鱗がのぞいている。同法194条2項参照）。

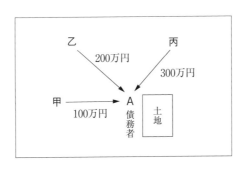

しかし、たとえば甲にしてみると、自己の債権100万円だけは乙丙をさしおいて優先的に弁済を受けたいと思うだろう。その方法として考え出されたのが債務者または第三者所有の財産につい

て、担保物権を取得することである。これを物的担保といい、抵当権をもってその代表とする（369条。同条1項には「他の債権者に先立って自己の債権の弁済を受ける権利を有する。」とある）。抵当権以外の担保物権（質権など）について立ち入ることは省略して、以下では抵当権を素材にして解説する。

甲がA所有の土地に抵当権を取得したとし、第三者に対する対抗要件である設定登記もしたとする。Aが債務を弁済しなければ、甲は抵当権を実行して土地をお金に換えて（民事執行法181条以下）、まず甲が100万円の弁済を受け、余りが500万円を超えなければ、一般債権者乙丙の間で2対3に按分する。土地が安くしか売れないために、甲ですら不足をきたすことがあるかもしれないが、とにかく、甲は乙丙に先立って弁済を受ける権利を有しており、甲が有利なことはいうまでもない。たとえば乙が強制執行した場合にも、甲はその強制執行による売得金について優先的に配当を受ける（民事執行法85条2項）。また、Aが破産手続開始決定を受けた場合にも、甲は別除権者として、いわば別格の者として破産手続によらないで、抵当権を実行することによって優先弁済を受けることができるのである（破産法2条9項10項・65条1項）。このように、抵当権者甲は債権者平等の原則を破って弁済を受けることを保障されており、しかも債務者の財産状態が悪化しているとき（強制執行を受けたり、破産手続開始決定を受けたりするときはまずそうである）も例外ではないのだから、債権者が物的担保を取得したがるのはまことにもっともである。いってみれば、物的担保はこういうときの備えなのである。

甲のほかにも抵当権者として丁がいる場合には、甲丁の優劣はいずれが先に設定登記をしたかによってきまる（373条）。甲が先に設定登記をしたとすると甲が1番抵当権者、丁は2番抵当権者

となる。甲丁いずれによるにせよ抵当権が実行され、または、乙もしくは丙によって強制執行がされ、その結果、土地が売られてお金に換えられた場合には、まず甲が自己の債権を満額回収し（土地が安くしか売れなかったときは、これすらできないことがある。そういう場合にどうなるかについては細かくなるので省略する）、続いて同様に丁が回収し、さらに残りがあって、しかし乙丙の債権額の合計にたりないときは、乙丙は按分して配当を受けることになる。

　注意すべきは、抵当権のように、債権者（担保権者）と設定者（債務者、または、債務を負わないが、債務者のために自己の財産を担保に提供する第三者＝物上保証人）との間で契約を締結することによって成立する担保物権（約定担保物権）のほかに、契約がなくても一定の要件のもとに当然に成立する担保物権（法定担保物権）がかなりの数にのぼるということである（たとえば労働者は雇用関係から生じた債権を担保するために、使用者の総財産上に先取特権を認められている。306条2号・308条参照。あるいは、動産の売主に認められる動産売買先取特権につき311条5号・321条を参照されたい）。したがって債権者平等の原則といっても、実際問題としてはあまり貫徹されてはいないともいえるくらいである。

　物的担保としては、民法のきめていない物的担保も取引界で利用されており、そのような担保制度を非典型担保と呼んでいる。そのうちには、永年にわたる判例法が形成されているものもある。貸金をして、その債権を担保するために、債務者所有のたとえば印刷機の所有権を債権者に譲渡させ（その機械の占有は債務者にとどめておく。これを占有改定という。183条参照）、元金および利息が弁済期に提供されたならば（債務者はその機械を使用して収益をあげて弁済にまわす）、所有権は債務者へ戻るけれども、そうでないならば、清算はするにしても（印刷機の価格が元金および利息を超えるなら、債

務者が印刷機を債権者に引き渡すのと引き換えに、債権者から債務者に差額を支払うなど）、所有権は確定的に債権者に帰属することとする「譲渡担保」は非典型担保の代表例であって、主として中小企業の金融に広く利用されている（この種の担保方法は抵当権のような典型担保よりも歴史が古く、古代メソポタミアに既にみられたのである。キエラ『粘土に書かれた歴史』板倉勝正訳〔岩波新書〕はこのことの指摘、その他印鑑の起源、不動産売買における専門家の立会い、専門家の民刑両責任など大変興味深い）。この種の担保方法の大きな欠点のひとつは権利の公示が不十分で、法律関係を不確実にするおそれが大きいことである（客体が動産である場合には、譲渡担保に限らず、同旨のことがいえるのではあるが）。そこで権利の公示方法として、動産について登記制度（動産譲渡登記）が導入されて事態の改善に向け一歩進められることになった（「動産及び債権の譲渡の対抗要件に関する民法の特例等に関する法律」平成16年法律148号）。しかし、問題の動産が果して登記されている動産なのかどうかの識別が容易でない場合が多く生ずるであろうし、その動産を譲り受けようとする者に登記の調査義務を一律に課することは必ずしも適当でないなど、問題は多く残っている。

　譲渡担保以外にも非典型担保を挙げることができるけれども、本書では立ち入らない。

　約定担保物権、法定担保物権さらには非典型担保と挙げてくると、債権者平等の原則といっても、ますますかげが薄くなるのではないかと危ぶまれるが、それはさておいて、債権の回収を問題にするときには、担保はつけられているのか、その順位はどうか、ということに頭をめぐらして欲しいものである。

第Ⅲ章

その他の紛争の法的処理

これまでの解説では、主として売買契約を素材にして、民法上の制度や法律問題をとりあげてきた。そこでは、普通の人が他人に頼んだりしないで、自分自身で売買契約を締結した場合を想定していた。そこではまた、少なくとも私の心づもりでは、登場する関係者は原則として売主と買主だけに限られていた。それでは、これらの想定・限定をはずしたならば、どのような法律問題が起きてくるだろうか。さらに進んで、世の中には売買にしろ何にしろ、契約関係がない人々の間でも法律問題が発生するのではないだろうか。以下においては、こういった問題をとりあげることにする。

とりあげられる問題は、3つのグループに分けることができる。その1は、広く契約の主体に関する問題であり（*1*）、その2は、契約当事者の一方と第三者との争いとでもいうべき問題であり（*2*）、最後にその3は、契約関係がない人々の間の争い（主として不法行為）である（*3*）。いずれにしても、細目に立ち入ることを避け、本書の目的に即して、ごく大筋だけを述べておきたい。

なお、以下においても、これまで用いてきた設例——売主甲が買主乙に対して建物を売ったという設例——を用いることにするけれども、問題の性質上、それを用いない度合いがこれまでよりは大きくなることをお断りしておこう。甲、乙という記号を異なる設例で用いることもあるけれども、その程度の見分けは自分でつけていただきたい。

1　広く契約の主体に関する問題

それでは、広く契約の主体に関する問題からはいっていこう。
まず「権利能力」についてふれなければならない。これまで用

いてきた設例をここでも用いると——甲乙間で売買契約が成立して効力を生ずることになったら（売買契約が有効なら——「有効」「無効」の意味については後にふれる。201頁参照）、甲乙はそれぞれ債権を取得し、債務を負担する。また、契約にもとづいて甲から乙へ所有権が移転して（いつ移転するかについて争いがあるが、立ち入らない）、乙が所有権を取得する。

●**権利能力**　甲乙は生きていさえすれば（年齢、性別、職業、社会的地位、精神障害の有無、程度等を問わない——人間平等）、「私法」上の権利を取得し義務を負担すること（人間平等といっても公法上の権利・義務についてまで保障はされない。たとえば選挙権をみよ）、権利義務の主体となること（もっというなら、その名において原告被告となって、最終的には強制執行をし、または、それを受けること）を認められる。これを法人格の承認とか、権利能力（権利義務能力というのが正確だが、権利能力というのが普通である）の承認とかいう（3条1項によれば、同能力を取得するには出生さえしたらよいわけである）。人間でありながら、権利能力を有しないなどということは認められない。たとえば奴隷（『ハックルベリー・フィンの冒険』のジム）は認められないし、また、政治権力をもった者は借金しても債務を負担しないとか、負担しても強制執行を受けることはないなどということにはならない。たとえ赤ん坊であっても地主になっていたり、銀行に対し債務を負っていたりすることは、読者もきっと気づいておられるだろう。これに対して、赤ん坊の前段階である胎児は権利能力を認められておらず（3条1項。そこには「出生に始まる。」とある）、ただ、個別的に規定が用意されていて、特別の場合にだけ——生きて生まれることが必要なのだが——権利能力を認められる扱いになっている（たとえば、相続については既に生まれたものとみなされる—886条1項参照）。外国人も原則として日本人と

同様に権利能力を認められ、例外的に区別されることになっている（3条2項）。権利能力は死亡（死亡とみなされる場合がある。いわゆる蒸発などがあって失踪宣告がされた場合がそうである—30条・31条）によって（死亡のみによって）消滅し、相続が開始する（882条）。

　ちなみに3条1項は、人（自然人）の法人格は国家によって与えられたのではなくて、国家以前から成立・存在しているものであること（自然法による承認を受けていること）、したがって国家の立法政策いかんによって否定・制限されうるというものでないということ、を宣言したとも受け取れる（法人成立の準則および法人の能力をきめた33条・34条の文理と比べてみよ）。法哲学の問題がここには控えている。ここではこれだけにとどめておく。

●意思能力　　　注意すべきは、人が権利能力を認められているということは、およそ人たるからには権利を取得したり、義務を負担することができ・る・と・いうことであって、どのような場合にも、必ず権利を取得したり、義務を負担したりすることになるわけではなく、一定の場合にはそうはならないのである。そういう場合のひとつは3〜4歳までの子ども、重度の精神障害者（井伏鱒二「遥拝隊長」を想起せよ）、泥酔者のように、たとえ行為の意識はあっても（意識すらなかった場合には行為とはいえず、法律効果を生ぜしめる余地はない）、その行為のミニマムの結果すら理解できない（売買についていうと、自分が自分の物を売ると所有権を失い、代金債権を取得することがわからない。細かい打算をするどころでない）、いいかえればミニマムの判断能力を備えていない場合であり、これを意思能力を欠く場合という（意・思・能力と書くべきで意・志・能力と書いてはいけない。たとえば91条・92条・93条をみよ）。そして、意思能力を欠く状態のもとに法律行為（その代表は契約と思えばよい。契約以外の法律行為にもあてはまることをとりあげるときにも、本書では「契約」

についてだけふれる）をしても効力を生じない。「意思なき行為は無効」といわれるゆえんである（債権法改正により新設された３条の２はこのことを明定した）。たとえば、れっきとした成人が泥酔中に売買契約書に売主として署名・捺印してきても無効であり、売る義務を負わないわけである。こちらが意思能力すら備えていない状態のもとでした契約をたてにとって（こういうことはフェアではないだろう）、財産をとりあげられてはたまらないからである。

●**行為無能力**　また、行為能力を欠く場合にも、権利を取得したり、義務を負担したりすることになるとは限らない。行為能力とは高度の判断能力（利害打算をする能力、取引能力）であって、意思能力よりも程度の高い判断能力をいう。民法上は以下の三者または四者、即ち未成年者（久しく年齢20歳をもって成年と定められていたが、これは18歳に引き下げられた—４条。2022年４月１日より施行されている）、禁治産者（以下、本段で参照する条文には次段で述べる改正の前の条文が含まれている。「心神喪失ノ常況ニ在ル者」、重度の精神障害者がこれにあたる。家裁の宣告を経る必要がある—７条）および準禁治産者（「心神耗弱者」つまり軽度の精神障害者、それと「浪費者」——バルザック『「絶対」の探求』、シェイクスピア『アテネのタイモン』、ドストエフスキー『罪と罰』に登場するマルメラードフを想起せよ。浪費者は久しく準禁治産者扱いされてきた）を行為無能力者（たんに無能力者という）として、それぞれにつき保護者を用意してきた（未成年者の保護者は法定代理人。これは原則として親権者である—４条・824条。禁治産者の保護者は後見人、準禁治産者のそれは保佐人—８条・12条）。そして未成年者についてだけいうと、未成年者が契約を締結するには法定代理人の同意を必要とし、もし同意なしに締結した場合には、未成年者本人または法定代理人はその契約を取り消すことができる（５条１項本文・２項・120条１項、ただし５条３項・６条参照。「取

消し」については後に解説する。201頁以下参照)。こうして民法は――相手方が迷惑しても仕方ないとして(取引の安全をそこなうこともやむをえない)――無能力者が財産を失わないようにしてきたわけである。無能力者は、契約締結当時に意思無能力であったことを立証すれば、契約を無効にすることができるけれども(「取消し」は有効を前提して、それを無効にすることだが、そうではなく、そもそも無効というのである)、その立証ができるとは限らない。そこで、これらのカテゴリーの人々を保護するために、これらのカテゴリーの人々を一律に「無能力者」ということにきめてしまって、無能力者はただ無能力者ということだけで、契約を取り消せることにしたのである(有効な契約でも取り消せばはじめから無効であったとみなされる―121条)。これは無能力者をずいぶん保護したものだが、無能力者が自分は能力者であると称して(戸籍謄本を偽造したりして)、相手方をだまして契約を締結したような場合には、無能力者であることを理由に取り消すことは認められない(21条)。このような無能力者は保護の必要がないからである。

●無能力者制度の改正　近時、高齢者(シェイクスピア『リア王』、スウィフト『ガリヴァー旅行記』第3篇第10章「ラグナグ国」の不死人間を思え)が増加したことを直接の契機として、無能力者制度が改正され(「成年後見」と呼ばれるのがポピュラーである)、2000年4月1日より施行されている。本書の性質上、以下、簡単に触れる。

成年後見は、本人の自己決定尊重という観点をまさに前面に押し出した任意後見(もっとも、一定の公的機関の監督を伴う)と、法定後見とから成る。

任意後見は、本人の判断能力が減退していない間に、本人とその任命した代理人との間に締結された契約(本人の判断能力が減

退したまたは失われた状況下における、本人の財産管理等を委任して、それに必要な代理権を付与する契約）を基本とする制度であり、「任意後見契約に関する法律」（平成11年法律150号）という特別法によって、その細目が定められた。本書では、任意後見については、これ以上は触れないことにする。

　法定後見は、本人の自己決定尊重と本人保護との調和、いいかえると、本人の残存能力はそれはそれとして尊重するが（部分後見の思想——本人が自己の判断でまだできるかぎりのことは、本人自身により有効になしうることとする）、他方では、たとえおせっかいになろうとも本人保護に留意するというスタンスに立って、きめ細かい規定を用意している。どちらかといえば本人保護、場合により家産保護とさえいえた従来の無能力者制度と比べると、自己決定尊重・部分後見の思想がはるかに濃厚に現われている。制度の内容について具体的にいうと、次のとおりである。

　第1に、特別法でなく、民法の規定の改正（新設を含む）という立法形式によった。

　第2に、これまでの「禁治産」、「準禁治産」をそれぞれ「後見」、「保佐」と改めたほか（呼称だけの変更ではなく、きめ細かい改正が施されている。「未成年者」の行為能力には変更はないといってよい）、新たに「補助」という制度を設け、「後見」、「保佐」にまでいたってはいないが、判断能力が減退した人々をもカバーしうるようにした。これはフランス民法にならったもので、わが国としては画期的な改正といえよう。即ち、「精神上の障害により事理を弁識する能力が不十分である者」について、「補助開始の審判」により、補助人が付されることになったのである（15条・16条、補助人の付された本人を被補助人という）。

　第3に、これまでの用語が以下のように改められた。即ち、

「心神喪失」者→「精神上の障害により事理を弁識する能力を欠く常況にある」者、「禁治産宣告」→「後見開始の審判」、「禁治産者」→「成年被後見人」、「後見人」→「成年後見人」、「心神耗弱者」→「精神上の障害により事理を弁識する能力が著しく不十分である者」、「準禁治産宣告」→「保佐開始の審判」、「準禁治産者」→「被保佐人」（条文を遂一引用することを省略する）。注意すべきは、「浪費者」は削除されたことである。「無能力者」という用語も改められ、未成年者、成年被後見人、被保佐人、および、特定の法律行為をするにつき補助人の同意を要する旨の審判を受けた被補助人（17条1項）を総称して、「制限行為能力者」と呼び（20条1項）、「無能力」を「行為能力の制限」という（120条1項・449条）。

　第4に、本人の行為能力は成年被後見人において最も大きく制限され、この者は成年後見人により代理されるしかない（859条1項。もっとも、「日用品の購入その他日常生活に関する行為」は、意思能力が備わった状態のもとでは、単独で有効にすることができ、取り消されえなくなる─9条ただし書参照）。次いで、被保佐人の行為能力がより少なく制限され（一定の重要な財産行為についてだけ保佐人の同意を要する、13条1項）、被補助人にいたると、さらに少なく制限され、制限されるのはむしろ例外的場合である（特定の法律行為につき補助人の同意を要する旨の審判がされた場合に限られる─17条1項）。

　第5に、後見、保佐、補助の各類型ごとに保護者が用意されている。即ち、後見については成年後見人（本人の配偶者といえども成年後見人に当然にはならない─843条4項参照）および成年後見監督人が、保佐については保佐人および保佐監督人が、最後に、補助については補助人および補助監督人が用意されている（これらの監督人は必置ではない、たとえば849条参照）。そして、これらの保護者の

選任手続、権限の有無・範囲について細かい規定が設けられるにいたった。たとえば、これまでは代理人ではないと解されてきた保佐人に対して、被保佐人のために特定の法律行為をする代理権を付与する旨の審判がされうる（876条の4第1項）とか、被保佐人が保佐人の同意権の対象となる法律行為を、その同意を得ないでした場合に、保佐人に取消権を付与する（準禁治産者の保佐人が取消権を有するかどうかは争われていた問題である―120条1項）とかの改正がされた。これ以上の細目については本書では立ち入らない。

　第6に、新制度は直接には高齢者を念頭においているとはいえ、厳密には青壮年の人々にも適用される。実際の頻度としては、高齢者に適用される場合が比較的多いであろうといえるだけである。それどころか、未成年者についても適用される。たとえば、重度の精神障害に陥った未成年者で間もなく成年に達する者について、未成年後見人（未成年者の後見人）は「後見開始の審判」を申し立てることができる（7条・8条参照）。「成年」後見という用語に惑わされないようにしなければならない。

　成年後見については、このあたりで切りあげておく。たとえば、「自己決定尊重」がどのような制度として現われているのか、取引の安全との調和はどのようにはかられているのか、戸籍の表示はどのようになるのか、さらには任意後見と法定後見との関係はどうか、といった問題があるけれども、本書としては割愛し、より詳しい講義に委ねたい。

●意思表示の解釈　さて、いわば変則的な場合から転じて、判断能力のしっかりした成年者甲（売主）および同じく乙（買主）が泥酔などに陥っていなくて、正気で契約をした場合を想定しよう。そこで問題になるのは、何を契約したかということである。契約といえば、これこれにしようととりき

めることだから、何を契約したかということは、結局は、当事者（民法上は契約の当事者といえば売主と買主のように２人をさす。区別するときは、各当事者とかその相手方とかと表現する。617条１項・557条１項をみよ。これは一般にそうだということで例外もあるけれども、立ち入らない）がした意思表示の意味を確定することになる。これを意思表示の解釈といい、契約の場合には契約の解釈ともいわれる。

意思表示の解釈などは必要ない、というなかれ。意思表示の意味が確定できないからこそ、裁判にもなろうというのである。その意思表示の解釈の仕方については学説が分かれており、ここで詳論するかぎりではない。ここではただ、次のことだけを述べておく。

意思表示の解釈にあたっては、まず当事者の用語にこだわらず、その内心の意思を探求し（近時はこの立場が有力化している。その探求の結果、一致がみられれば、そのような内容のものとして契約は成立する）、それが確定できないときは、当事者の使用したことばの通常の（その社会、もっと狭くは関係の取引界におけるというべきであろう）意味、当事者が企図した目的、取引慣行、契約締結当時の事情等々を参酌してきめることになる。もちろん、「今時なら……」といった常識を働かすこともしなければならない。次頁に新聞投書欄の一文を掲げておくが（朝日新聞昭和60年８月26日朝刊第５面より。御氏名は秘させていただいた）、「無料駐車場」についての投書者の解釈は支持できるだろうか。読者は自分で考えてみて欲しい。

意思表示はことばを用いてされるとは限らず、挙動（沈黙を含む）をもってされることもあるから（眼は口ほどにものをいう。黙示の意思表示）、解釈がむつかしい場合もある。のみならず、こういう契約①が成立したと認定（というよりむしろ解釈、以下同じ）したのでは、あまりに一方にだけ有利となってフェアでないから、フ

ェアな結果をもたらすように、契約②が成立したと認定する（最終的には裁判官がそうする）こともある（実は法律の解釈についても同様のことがいえる）。このように、意思表示の解釈は（法律の解釈も）決して単純な作業ではないのである。意思表示の解釈の方法については、さしあたってはこの程度のことに留意していればたりるであろう。

ついでにいうと——意思表示の解釈をした結果（あるいはそれを待つまでもなく）、意思表示の合致がみられないことが明らかだというのであれば、契約は不成立ということになる。たとえば、Aは馬を売ろうといい、Bは鹿を買おうといっていることが明らかなら、どうみても申込みと承諾（それぞれが意思表示である）の合致ありとはいえないから（合意がない。申込みが２つあって承諾はない）、契約はそもそも不成立というしかない（したがって、契約とし

ては効果が生じようがない）。これに対して、意思表示が一見合致したかのようにみえるけれども、実は合致していないという場合もある。無意識の不合意といわれる場合がそれである。たとえばAB間における商品の売買契約において引渡し場所を「中村」とする旨とりきめられたところ、Aは四国の中村（土佐中村）を、Bは名古屋市の中村（尾張中村）を考えていた。もしこの場合に、その種の取引の実情・慣行にかんがみ、「中村」といえば土佐中村と解するのが普通だ（客観的意味としてはそうだ）というのであれば、この契約は土佐中村で引き渡すべきことをきめたことになり、そのような内容の契約として成立するが（そしてBの意思表示には錯誤があったとして処理される。「錯誤」は契約の成立を前提する。錯誤については後述する）、「中村」といっただけでは普通はいずれともきめがたいというのであれば、内心のレベルではもとより、客観的意味のレベルにおいても、意思表示の合致はない。このような場合を無意識の不合意といい、そもそも契約は成立しないことになる。

●**強行規定と任意　　　**意思表示の解釈の結果、契約の成立が認定
**　規定、公序良俗　　**されたとする。それなら、いわゆる契約自
由の原則にもとづき、その契約は有効とされて効果が発生するのかというと、必ずしもそうはならない。契約の効果が発生するための要件がみたされねばならない。その要件としては、まず契約の内容が可能なことを挙げることができる。たとえば別荘の売買契約を締結したところ、その別荘がその前日に全焼していた場合（契約の「原始的」不能といわれる）には契約は無効と久しく解されてきたが、債権法改正により、この場合も契約は有効で、買主は履行不能によって生じた損害の賠償を売主に請求できることになった（412条の2第2項、98〜99頁を参照）。債権法改正によってこうした変更を受けたものの、「契約の有効要件」としてはなおいくつ

かあり、これから述べる強行規定に反しないこと、公序良俗に反しないことだけに限られるものではない。以下ではまず強行規定違反がないこと、公序良俗に反しないことをとりあげよう。

　強行規定とは「法令中の公の秩序に関する」規定であり、任意規定とは「法令中の公の秩序に関しない」規定をいう（91条）。前者としては、たとえば、権利能力、行為能力に関する規定とか（3条・4条のごとし）、流質契約禁止の規定とか（349条）、借地借家法中の規定とか（同法9条・16条などを参照）を挙げることができる。後者としては、たとえば、建物の賃料を月末払いとする旨定めた614条本文を挙げることができる。

　強行規定に反する契約は無効とされるのに対し、任意規定と異なる契約は有効とされる（91条）。このように区別するのは、前者に反する契約を有効としたのでは、天下国家の基本秩序に影響するか、または、経済的弱者保護の見地から妥当でない結果をもたらすけれども、後者と異なる契約を有効と認めても、そのようなことはいえないからである。

　両規定の区別は常に容易にできるとは限らず、結局は、問題の規定の立法趣旨いかん、もし契約を有効としたときの結果を是認すべきか（有効とすると、こういうグループの人々の利益が保護され、それ以外の人々の利益は保護されないことになるが、それでいいか）、場合によっては憲法との関係、近時の世論の動向をも考慮してきめるほかない。普通は、物権法、身分法の規定は強行規定で、債権法の規定は任意規定だ、といわれるけれども、大体はそうだということであって、最終的には個別の規定ごとに吟味して判断しなければならない。

　たとえば、やむをえない事由がある場合には、組合員は組合から脱退しうると定める規定（678条）は債権法の規定であるけれど

も、その立法趣旨（組合員への拘束が強くなりすぎるのを許さない）に照らして、強行規定であると判例・学説上異論なく解されている。

この場を借りて一言しておきたい。夫婦同氏を定める750条は身分法の規定だが、これは強行規定ではなく、任意規定と解すべきである。この立場をとる学説は今のところ見当たらない。そうであれば、この機会にぜひ述べてみたい。

約80年前に新憲法が成立・施行され、「家」制度は廃止された（この事実につき異論はない）。その結果、婚姻は「家」同士の結びつきではなくなり、男女の純私的な結びつきでしかなくなった。そうであれば、夫婦の氏をどう定めるかは、夫婦の自由に定めるところに一任すればよいはずだ。夫婦別氏を排斥するのは「家」廃止と調和しない。早急に選択的夫婦別氏制度が導入され、その前提の下に、子の氏の決定の仕方等々、戸籍編成の仕方につき、戸籍法のしかるべき改正がなされるべきである。

新憲法施行後ほぼ80年経ているのに、なお選択的夫婦別氏を許さないというのは同憲法をぐろうする異常事態であり、同憲法を「深くよろこ」んで公布した昭和天皇の意思（同憲法の公布文を参照）を踏みにじるものだ。私の結論——現憲法下においては選択的夫婦別氏制度が導入されるべきであり、そのことの説明としては、750条任意規定説が最も端的な説明である、と。

強行規定に関連してふれておくべきは脱法行為である。脱法行為とは一見したところ強行規定に反していないけれども、その実質においては反している効果を導く法律行為といえばよい。名義を変えたり、他人を媒介させたりして、強行規定に正面からは反しないような形をととのえて、所期の目的を達成するのである。

たとえば、利息制限法の制限利率を超えた利息を、礼金、手数料、調査料などの名義のもとに徴収したり、自己（債権者、貸主）の100パーセント子会社というべき子会社の保証を受けることを債務者（借主）に承諾させて、債務者からその子会社に対し保証料を支払わせて、後にそれを子会社から自己に還流させるなどがその例である。

脱法行為に対する方策としては解釈上無効とすることのほか、立法によって「いかなる名義をもってするかを問わず」（利息制限法3条本文）、「何人の名義をもってするかを問わず」（信託法8条）禁止する旨明定することもある。ちなみに、脱法行為はずるい人間が考え出すことだと一応いえるにしても（「法は法と立ておきて、其法をよけて、さはらぬやうに悪事をなす者、甚多き」本居宣長『秘本玉くしげ』村岡典嗣校訂〔岩波文庫〕95頁）、時としては、時代遅れになった法律が改正されないままになっているので、世の人々が背に腹は代えられないということで、やむなく自衛策（自力救済）として考え出す場合もあることに注意しておきたい。

次に、公序良俗とは社会的妥当性ということであって、特定の強行規定に反するとはいえなくても、現代の正義観、倫理観に照らして妥当でないという評価がされるような契約は無効とされる（90条―公序良俗違反）。ほんの一例を挙げると、妾になることを約束して、妾にならないときは金いくらの違約金を支払う旨の契約、いわゆる芸娼妓前借金契約（実質上の人身売買契約）、相手方の無思慮、窮迫に乗じて暴利をむさぼる契約などがそれである。

● **心裡留保、虚偽表示**　強行規定にも公序良俗にも反しないけれども、なお、契約が無効とされる場合がある。

たとえば、甲が贈与する意思がないのに、冗談に、「この金時

計をやろう」と乙に申し込み、乙が受諾の意思表示をしたとすると、贈与契約が成立し効果を生ずるはずであるが（武士に二言はないというべきか—93条1項本文）、乙の方で甲の意思表示がその真意ではないことを知りまたは知ることができたときは、甲の意思表示（申込み）は無効となり（同条1項ただし書）、結局、贈与契約も無効となる。これを心裡（心理ではない）留保による無効という。

心裡留保は1人でするのだが、相手方と通じて、真意と異なる意思表示をする場合もあり、これを虚偽表示とか通謀虚偽表示とかいう。たとえば税金対策とか、相手方に信用を与える方便としてとか動機は雑多だけれども、不動産の所有権者甲が相手方乙と通謀のうえ、甲乙間で売買があったことにして登記を乙へ移転するのが、その典型である。この場合に、甲乙間の虚偽の売買契約は無効である（94条1項。なれあいでやっているのだから当然である）。問題は、乙から乙の所有物と信じて買い受けた丙（これを善意の第三者という）と甲との関係であるが、これについては後にふれることにする（212頁以下参照）。なお、心裡留保、虚偽表示をあわせて「意思の不存在」と呼ぶことがある（101条1項参照）。

●錯誤　　意思表示をする者（表意者）が、真意と表示がくいちがっていることに気づかずに意思表示をすることがある（これに対して、気づいてしている場合が心裡留保や虚偽表示である）。これを錯誤という。

債権法改正の一環として、錯誤については、永年にわたる判例・学説の到達点を踏まえて、整理・改正がされた（95条参照）。

まず、錯誤にもとづく意思表示は同改正前は無効とされていたのを、同改正により、表意者はこの意思表示を取り消すことができると改められた（同条1項柱書）。こうして錯誤にもとづく意思表示をした表意者は取消権者となり（120条2項にいう「瑕疵ある意

思表示をした者」にあたる）、取り消すことによって、いったんは有効であったその意思表示を初めから無効であったものとすることができる（121条）。

　次に、錯誤の類型を２つに分け（95条１項１号・２号）、即ち、意思表示に対応する意思を欠く錯誤（１号錯誤、たとえば、表意者の真意は馬を買うというものであったが、馬と鹿とは同種類の動物だと思い違えて、相手方に対して鹿を買うと意思表示した場合、これまで同一性の錯誤と呼ばれてきた錯誤）と、表意者が法律行為の基礎とした事情についてのその認識が真実に反する錯誤（２号錯誤、たとえば、表意者が「この土地を買う」という真意をもってはいたが、それは「この土地が間もなく新幹線用地として JR に買収されることにきまっている」と思ったからだったところ、そうした事情はなかったという場合、これまで動機の錯誤、属性の錯誤と呼ばれてきた錯誤）とに分け、錯誤にもとづく意思表示を取り消すための要件がきめ細かく定められた。それは以下のとおりである。

　（ⅰ）　１号錯誤・２号錯誤に共通する要件として、錯誤の重要性が必要とされる（これまで「要素の錯誤」と呼ばれてきた要件に対応するもの。軽微な錯誤による取消しは認めないことにする要件で、これをも認めたのでは取引の安全をそこなうからである）。そしてこの「重要性」をどのようにして判断するかというと、問題の錯誤が表意者個人にとって重要かどうかはきめ手にならず、「その錯誤が法律行為の目的及び取引上の社会通念に照らして重要なものであるときは」錯誤にもとづく取消しが認められる（95条１項柱書参照、かなり客観的なしぼりがかけられているわけである）。

　（ⅱ）　２号錯誤に固有の要件としては、問題の事情が表意者の意思表示の（「この土地を買う」の、ひいては相手方との間の売買契約、法律行為の）基礎とされていることが表示されていたときに限っ

て、取消しが認められる（95条2項）。表意者が「この土地を買う」と売買（法律行為）を申し込むのは、「間もなく新幹線用地としてJRに買収されることにきまっている」からだ。こういう事情があるからこそ私は買うと申し込んでいるのだ、というように、基礎（または動機）としての事情を表示して、相手方をしてそのことを知らしめることを取り消す要件と定めている。もしこうした事情が表示されないで、「この土地を買う」と申し込まれて売買契約が締結された後に、実はこういう事情を基礎として申し込み契約締結をしたのに、その事情がなかった以上は、契約をやめる（取り消す）といわれたのでは売主は迷惑するだろう。そこで2号錯誤については、基礎としての事情が表示されていることが必要とされているのである。もっとも、「表示」は明示である必要はなく、契約締結時の諸般の事情を総合して、黙示的な「表示」ありと判定されて、取消しの要件を充足すると（判例により）されることもあるだろう。これからの判例・学説が注目される。

　（iii）　錯誤が表意者の重大な過失によるものであった場合には、1号錯誤・2号錯誤を問わず、表意者は錯誤にもとづく意思表示を取り消すことができない（95条3項柱書）。ここに「重大な過失」とは、錯誤以外にもさまざまな場合に問題になるが、その一般的な意味は「悪意とほとんど同じくらいの過失（注意義務違反）」、「ほんのちょっと努力して調べれば（あるいは考えさえしたら）気づきまたは避けることができたのに、それをしなかった」落度、とでもいうことができよう。そして表意者に錯誤について重大な過失があった場合には、そのような表意者を保護する（取り消すことを認める）のは、取引の相手方を害することを考えてみると、遠慮させてしかるべきだろう。

　しかし、表意者に錯誤について重大な過失があった場合でも、

次の2つの場合には、表意者は錯誤にもとづく意思表示を取り消すことができる（同条項柱書に「除き」とあることに注意されたい）。

　その1は、相手方が表意者に錯誤があることを知り、または重大な過失によって知らなかったとき（95条3項1号）であり、その2は、相手方が表意者と同一の錯誤に陥っていたとき（同条項2号）である。

　その1にいう相手方は、表意者の錯誤取消しから保護されるに値しないであろう（これについて敢えて説明は必要としまい）。その2はこれまで共通錯誤として論じられてきたケースで、こういうケースにおける相手方も、いかに表意者が重大な過失によって錯誤に陥ったとしても、これまた保護されるには値しないだろう。たとえば、ある絵画（これは偽作であった）を著名画家の真筆と信じて「買う」と意思表示した表意者に重大な過失があったとしても、その相手方も表意者同様の錯誤に陥っていた、即ち問題の絵画が偽作であることを見抜けなかったという場合には、相手方から表意者を責めるわけにはいくまい。特に表意者が絵画の素人で、相手方が画商である場合にはなおのことであろう。

　以上は、錯誤にもとづく意思表示の取消しが認められる（または認められない）場合はどういう場合かについての説明であるが、債権法改正によって新装なった95条には4項が加えられ、錯誤にもとづく意思表示の取消しは、善意無過失の第三者に対抗することができない、とされた。これは「契約の無効・取消しと善意の第三者保護」という問題の1つで、本書では虚偽表示の場合を中心に、後に取り上げることにする（212頁以下参照）。

●詐欺、強迫　　だまされたり（詐欺）、おどされたり（強迫）してした意思表示も有効ではあるが、表意者はこれを取り消すことができる（96条1項）。これらの場合には、意思

表示の動機に他人（加害者）が影響を与えて意思表示させたのであって、先にふれた動機の錯誤に似ているわけである。錯誤・詐欺・強迫をまとめて、意思表示の瑕疵と呼ぶ（120条2項参照）。

　詐欺による意思表示の取消しについては「第三者による詐欺」にふれておく。96条2項がそれにかかわる条文で、いささかわかりにくい。債権者Aから借財中の債務者Bが、このさい保証人をたてることを企て、その候補者としてCをたて、Cに対しては文書偽造などをくり返して、Bの資産状況は良好で、Cに迷惑をかけることはなく、安心してよいと申し向け（実はBの資産状況は「火の車」であった）、結局、CはAとの間で保証契約を締結するにいたった。Cはその後Bの本当の資産状況を知ったので、保証契約の取消しをしたいのだが、AはCをあざむくなどの行為をしていないので、それは許されない。CをだましたのはBであるが、このことが不問に付されてよいものか。96条2項はこの点を見逃さず、もしAが第三者BがCに対して詐欺を行った事実を知り、または知ることができた場合に限って、CはAとの間の保証契約を取り消すことができる、と定めている（現時点でのベストな解説は、四宮和夫＝能見善久『民法総則〔第9版〕』〔弘文堂・平成30年〕268〜269頁であろう）。96条2項の「相手方」とは、上記保証契約の相手方Aである。

　それにしても96条2項の条文のとりつきにくさ、難解さは、もう少しことばを使ってやわらげないと、「言語道断」の「悪文」というほかないだろう。これでは民法の条文をいくら口語化したといっても、ほとんどその効果はないに等しいではないか。

　ところで、甲が乙にだまされて建物を乙に売り、次いで乙がこの建物を丙（善意無過失の丙、詐欺の事実を知らず、かつ、知らないことに過失がなかった丙）に転売した後、甲が甲乙間の売買契約を詐欺

を理由に取り消した場合に、甲は丙から当然のことのように建物を取り戻すこと（丙に移転していた登記を抹消させるなど）はできない（96条3項—甲乙間では不法行為による損害賠償、不当利得返還の問題が残る）。これは善意の第三者保護の一局面である（善意の第三者は無過失を必要とするか、登記を備えている必要があるかなどの問題があるが、ここでは立ち入らず、212頁以下に譲る）。同じシチュエーションのもとで、ただし乙が強迫した場合には、甲は取消しをもって善意無過失の第三者丙に対抗しうると解されている（同条1項との関係を考慮した同条3項の反対解釈）。

● **代理制度**　ところで、契約は本人自身で締結する必要はない。代理人を選任して、代理人に締結してもらってもよい。たとえば、甲が自己所有の建物を売りたいと思い、売ることを丙に依頼し（甲丙間に委任契約が成立したわけである—643条。第三者から借りたにわとりを返しておいてくれとクリトンに依頼して息絶えたソクラテス、トロイ戦争に出征するにあたって「後事一切」を妻に託したオデュッセイを思え。それぞれプラトン『パイドン』、ホーマー『オデュッセイ』）、丙に売買契約締結の代理権を与えたとする（甲から丙へ、甲の実印を押捺した委任状を交付することが多い）。代理人丙は委任事務を処理するために、しかるべき者乙を相手方として交渉を重ね、めでたく売買契約を締結したとしよう。その結果、売買契約の効果は直接本人甲に帰属する。甲は売主としての権利義務を直接取得する（99条1項。たとえば、代金請求権が1度丙に帰属して、次いで甲に移るというのではない）。代理というのは、自分と別個独立の立場にある他人に頼んで、代理権の範囲内でにしろ、ある程度の裁量をふるって契約を締結してきてもらい、その効果だけは直接自分が受けるという便利な制度である（全く自分の手足ともいうべきで、命じられたことをただそのとおりにすべき立場にある使者とは概念上区別さ

れる）。代理には、法律上当然成立する法定代理（未成年者の親権者のごとし—824条）と任意代理（代理権授与行為＝授権契約によって成立する）とがある。本書では、後者だけをとりあげることにする。

代理関係について簡単にみておこう（下図参照）。

まず、甲から丙に対し代理権が与えられる（授権行為——これは、代理人になってください、なりますという一種の契約とみるのが素直であろう）。甲が丙に代理権を与えるからには（ということは、甲は丙に、自分＝甲の財産に変動をきたすことをさせるのだから）、甲が丙に事務処理を頼むなどの基礎となる法律関係（内部関係）があるはずである（その典型は委任であるが、雇用とか請負ということもありうる）。このことは先にあげた、建物の売買の例に照らして了解されるであろう（建物を売ってきてくれと頼む以上、代理権を与えておいて、売った効果が直接本人に帰属するようにするのが最も端的である）。

次に丙と乙との間で契約が締結される。つまり丙が代理行為をするのであるが、それには、丙は「本人甲代理人丙」（たとえば「甲会社代表取締役丙」）というように「本人のためにすることを示して」意思表示しなければならない（効果の帰属者は丙でなくて甲だということをはっきりさせるのである）。これを顕名主義といい、代理行為の方式の大原則である（99条1項。なお100条参照。商法504条には

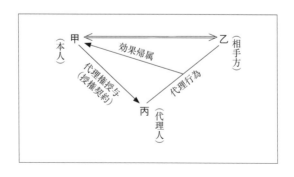

特則がおかれているが立ち入らない）。

　注意すべきことの第1は、「本人のためにする」とは効果（もとより法律効果）が本人に帰属するという意味であって、そのことによって、本人が経済的にとくをするか損をするかは問題でないということである。同じく第2は、代理行為の効果が本人に帰属するには、代理人が代理権の範囲内で代理行為をしたことが前提となるということである（99条1項）。代理権の範囲は授権契約によりきめられるのが普通だが、きめられなかった場合には、保存行為等の消極的な行為をする代理権を認められるにとどまる（103条）。

　考えてみると、本人が選任した代理人が代理権の範囲内で行動したのに、それがたまたま本人のとくにならないからといって、本人に効果が帰属しないといわれたのでは相手方はたまらない。本人のとくにならない契約を締結した代理人が本人に責任を負う（644条・415条）ことはあるが、それは内部関係での問題でしかなく、本人と相手方との関係（対外関係）には影響しない。もし影響するのであれば、相手方としては本人のとくになるかどうかについて本人に照会しないことには危ない。とくになる範囲でのみ代理権は与えられていると解したとしても、そしてその場合に相手方は後述する表見代理（110条）によって保護される余地があるにしても、決して万全ではない（同条にいう「正当な理由」をクリアーしないといけない）。それに本人に照会するというのでは、代理制度のメリットは大きく減殺されてしまう。ともあれ、本人が自分にとくになる範囲でしか代理させたくないのなら、「とくになる範囲」でということをはっきりさせて（「最低でも〇〇円で売れ」というように）授権すればよい。他方、授権していないことをやられても、効果が帰属するというのでは本人がたまらない。こうしてみ

ると、上記の「第1」「第2」で述べたことに納得がいくだろう。

●代理権の濫用 ちなみに、丙が代理権の範囲内で代理行為をしたけれども、実は自己または第三者の利益をはかる目的でした場合（代理行為にもとづき受領するお金を丙が着服する意図でした場合のごとし）は、代理権の濫用という。これについては、債権法改正により条文が新設され、「相手方がその目的を知り、又は知ることができたときは、その行為は、代理権を有しない者がした行為とみなす。」と定められた（107条）。つまり、その行為は無権代理行為とみなされ、本人甲にはその効果はおよばないこととされたのである。

後述する表見代理（110条）が代理権の範囲外での問題を扱うのに対し、代理権の濫用は代理権の範囲内での問題を扱うのである。

最後に転じて、甲乙間の関係はどうかというと、甲乙それぞれが契約上の権利を取得し、義務を負うことになるわけである。

●無権代理 丙は甲の代理人として代理行為（契約締結）をしたけれども、その行為をする代理権をもっていなかったとする。その効果は、当然には甲に帰属しない（その意味では無効である）。丙の締結した契約を甲が認める、つまり追認してはじめて、それは甲に対して効力を及ぼすのだ（その効果が甲に帰属する。いわば有効になる。いつからそうなるかというと原則として契約の時からとされる—113条1項・116条本文）。甲には追認する義務はなく、甲は追認を拒絶することもできる（113条2項）。追認またはその拒絶はだれに対してすべきかとか、乙の方で甲に対して、追認するしないをはっきりさせよと催促することが認められているとか、乙は甲が追認しない間なら原則として契約を取り消すことができる（もはや甲は追認しえなくなる）とかについては、本書では省略する（113条2項・114条・115条参照）。

ただ、無権代理人の責任についてだけ一言する。無権代理人丙が代理人として契約を締結したけれども、結局、代理権を証明しえず、かつ、甲の追認を得られなかった場合には、乙は丙に対して契約どおり履行せよと請求してもよく（といっても、甲所有の建物を売る契約で、甲が所有権を手放さないというなら履行はできず、損害賠償をとるしかない）、または、それをしないで、損害賠償を請求することもできる（117条１項。ただし同条２項には、免責事由が用意されていることに注意されたい）。この無権代理人の責任は無過失責任と解されている。損害賠償の範囲については争いがあり、とりわけ、契約が履行されたならば乙が得たはずの利益（転売利益など）までも賠償の対象となしうるかどうかが争われる（判例・通説はこれを肯定する）。無権代理についてはこの程度で打ち切っておこう。

●**答案のつめをしっかり**●　　学部の試験にしろその他の試験にしろ、試験というからには、問われていることに正面から答えなければいけない（むだなことを書いてはいけない）。そしてそういうふうに答えた場合でも、いま一歩のつめをよくしておかねばならない。たとえば、損害賠償がとれると答えるなら、出題されているケースにおいて、その要件がみたされているのかどうか吟味する必要があるし（私の経験からすると、ここまでは多くの答案は吟味している）、さらに一歩進めて、賠償の範囲はどこまでなのかをも吟味しなければならない。あちこちで「損害賠償」が出てくるたびに、賠償の範囲についての議論（本書ではほとんど省略しているのであるが）に注意しておく必要があるわけである。

●**表見代理**　　無権代理ではあるけれども、あたかも有権代理であったかのように、本人に問題の代理行為の効果が帰属する場合がある。それが表見代理である。民法は表見代理として３つの類型を用意している。いずれも、本人と無権代

理人との間に一定の関係が認められ、そのような場合には、本人に効果が帰属してもやむをえないというわけなのである。以下、適宜分けて解説する（本人を甲、相手方を乙、代理人を丙とする、先に掲げた代理関係の図を想起されたい。もっとも、表見代理では条文上乙を「第三者」と呼ぶ）。

第1に、表見代理の3類型とは——（ⅰ）代理権授与の表示による表見代理（109条1項。甲が乙に対して丙に代理権を与えた旨表示したが、実は全く与えていなかった場合。たとえば、丙が勝手に甲の代理人と称して取引をしているのを甲が黙認していたような場合もふくまれる）、（ⅱ）権限外の行為の表見代理（110条。丙がとにかく何らかの代理権＝基本代理権をもっていることが前提になり、それをはみ出して代理行為をした場合である。担保に入れる代理権しかないのに売却してしまったごとし）、および、（ⅲ）代理権消滅後の表見代理（112条1項。かつての代理人丙が代理人を解任されたにもかかわらず、代理行為をした場合）。

これらの類型が重なりあう場合も表見代理として処理される。債権法改正により、（ⅰ）と（ⅱ）の重なりあう場合、および、（ⅱ）と（ⅲ）の重なりあう場合について条文が新設された。それぞれ109条2項、112条2項を一読されたい。これらの場合を表見代理の競合適用という。

第2に、表見代理は乙の取引の安全（動的安全）を確保することと甲の保護（財産をむやみに失ったりしないこと——静的安全）との調和をはかる制度である。したがって、一方では、乙の善意無過失（あるいは権限ありと信ずべき「正当な理由」）を必要とするとともに、他方では、代理行為の効果を帰属させられてもやむをえないような事由（帰責事由）が甲に認められることを必要とする。その結果、110条についていうと、乙がいかに「正当な理由」を有していたと認められても、甲に帰責事由がなければ、甲に効果を

帰属させえないのである。注意すべきは次のことである。

　まず、表見代理を含めて広く表見法理・外観信頼保護法理・取引の安全保護法理などと呼ばれる法理（たとえば後にふれる94条2項の適用・類推適用。212頁以下参照）についても、動的安全と静的安全との調和をはかる制度だということがあてはまるのであって、本人の帰責事由がない場合にまでも、動的安全を確保することがめざされているわけではない。外観をいかに善意無過失で信頼した者といえども、だから必ず保護されることになるとは限らない。この点について誤解する人が往々みられるので注意を喚起しておきたい。

　次に、やはり110条についていうと、甲が越権を敢えてするような者丙を代理人にしたことがそもそも誤りで、その点において既に帰責事由があるといえる面があるにしても（それも程度問題であり、人物の見極めは至難の業である）、それだけで甲側に帰責事由必要という要請はみたされてしまっており、乙が「正当な理由」を有しさえすれば、甲側の事情などもはや一切考慮することなく、乙を保護すればよいとまでいいきるのは問題である。甲にしてもあまりたやすく財産を奪われたりするのではたまらない（取引の安全偏重はいけない。国が公共の目的のために私人の財産をとりあげるのにも、やかましい要件のもとにすることを想起せよ―憲法29条3項）。たとえば、甲が丙に対して、不動産を担保にして借金してきて欲しいと依頼して代理権を与え、その旨の委任状を作成して交付したところ、丙がそれを破棄してしまい、不動産売却の委任状を勝手に偽造して（甲の実印をも偽造して）乙に示したような場合には、甲としては（丙にそのような前科があったのなら用心すべきだから別として）防ぎようがなく（丙が破棄したことを甲が知っていたりすればまた別であるが）、いかに乙に「正当な理由」が認められても、甲を犠牲に

することは酷ではないだろうか。ただ、110条には甲についての「帰責事由」（乙の側の事情をも考慮しつつ、甲に代理行為の効果を帰属させてもやむをえないといえる事情、甲の過失、作為、不作為等といえばはっきりする）という文言はないので、乙について「正当な理由」の存否を判断するさいに、甲の帰責事由の存否をも考慮し、甲には帰責事由がないと認められるときは、結局、乙には「正当な理由」はないとして、甲を救済することになろう（最高裁の判例は表向きは甲の帰責事由を考慮しないといっているけれども、実質的には乙について「正当な理由」の存否を判断するさいにあわせて考慮しているとみられる。近時の学説は、表見代理が成立するためには甲の帰責事由が必要との考え方に傾いている。なお109条に関して213頁参照）。

● **表見代理をめぐる利益衡量** ●　丙のした代理行為について表見代理（110条）の成否、より具体的には「正当な理由」の存否が甲乙間で問題になったとしよう。丙さえ資産が豊かであれば、甲乙いずれが勝とうとあまり問題でない（敗れた方が丙に損害賠償させればよいから。甲から丙へはたとえば委任の規定644条ひいては415条により、乙から丙へは無権代理人の責任の規定117条による）。表見代理の問題の実質は、丙の無資力のリスクを甲乙いずれに負わせるべきかにある。これをきめるにあたっては、甲に帰責事由はないか、銀行ともあろう乙はもう少し注意して甲に照会したらどうか（そこまで詳しく甲に照会せよというのでは代理制度を認めている益がなくなりはしないか）、代理行為の種類・態様（巨額な財産にかかわるのなら、乙はもっと注意せよということに傾く）、どのような効果が甲に帰属することになるのか（重い責任かどうか）、丙が実印を所持していたか（所持していたら、普通は代理権ありと乙が思うのももりからぬけれども、丙が甲の家族ということになると、実印を手軽にもち出す可能性が大きいので話は別になる）、代理行為に丙の利害がからんでいる場合には、乙としては、丙のいうことを疑ってみるべきではないか（たとえば、丙が乙から金融を

得る場合に、友人甲が丙のために保証人になってくれることになり、そのために、甲は甲を保証人とする保証契約を乙との間で締結する代理権を丙に与えたと丙がいっても、金融を得たいばかりに丙は虚偽をいっているかもしれない）等々、諸般の事情を考慮して、「正当な理由」の存否が判断されることになる。

●無効、取消し、不当利得

これまで既に何度も「無効」「取消し」ということばが出てきた。無効とは法律効果が生じないこと、契約にもとづいて権利を取得したと思っても、契約が無効なら取得できず、原告となって権利を主張しても請求棄却となること（有効とは勝訴の判決が得られて強制執行ができることである。不完全債務は別である。89頁参照）である。これに対し取消しとは、いったんは有効な法律行為（契約がその代表であることはくり返し述べた。本書では法律行為そのものについての解説は省略する）を後から一定の理由にもとづき（能力の制限、錯誤、詐欺、強迫を想起せよ）、一定の者（取消権者―120条参照）が一定の期間内に（原則として5年―126条）、取消しの意思表示をすることによって（取消しに限らず意思表示は原則として相手方に到達した時から効力を生ずる―97条1項）、はじめから無効とすることである（取消しの遡及効―121条）。取り消されうる契約であっても、取り消されないかぎりは有効であって、一定の期間が過ぎれば取り消されえなくなってしまう（126条、確定的に有効となる）。また、追認されれば（追認をなしうるのは取消権者に限られる）、取消権が放棄されたようなもので、確定的に有効となるわけである（122条）。なお一定の要件がみたされると、追認をしたものとみなされる場合があることに注意しておこう（法定追認―125条を一読されたい）。

無効、取消しといっても、バラエティがあることに注意する必要がある。

たとえば甲から乙に土地が売られたが、甲乙間の売買契約が公序良俗違反により無効（90条）だとすると、甲から乙に所有権は移転せず、乙からの転得者丙も所有権を取得することはできない（乙が無権利なら丙もまた無権利、無から有は生じない）。しかし、甲乙間の売買契約が甲乙の通謀虚偽表示によって締結された場合には、この売買契約は無効ではあるが（94条1項）、乙からの善意の転得者丙に対しては、甲乙間の売買契約無効（乙は所有権を取得していない）、したがって丙もまた所有権を取得していないと、甲は丙に対して主張することができず、（94条2項）、ひいては甲は丙の所有権取得を認めるしかない。

　取消しの効果はいったんは有効であった契約を遡って無効とすることで、この効果は転得者にも貫徹し、転得者も権利を取得できないといえる場合もあるが（契約が能力制限や強迫を理由に取り消された場合がそうである。9条本文・96条1項）、錯誤や詐欺を理由とする取消しにおいては、善意無過失の第三者（たとえば転得者）にその取消しを対抗できない（ひいてはそうした転得者の所有権取得を否定できない）ことになる（95条4項・96条3項）。

　こうみてくると、無効には絶対的無効のほかに相対的無効という類型があり、取消しにも絶対的取消しのほかに相対的取消しという類型があるというべきであろう。

　以上のほか不確定的（浮動的）無効（113条1項）、遡及効のない取消し（たとえば748条1項）などもある。無効、取消しといっても、どのような効果をひき起す無効・取消しであるかに注意して欲しい。

　ところで、甲乙間の売買契約が無効であったとする（取消しの結果、そうなった場合も同じ）。この場合に、売主甲が買主乙に目的物を既に引き渡していたり、乙が甲に代金を支払っていたりする

と、甲乙はそれぞれ、法律上の原因なしに他人の財産により利益を受け（受益とか利得とかいう）、これがために他人に損失を及ぼしていることになる。甲乙はそれぞれ不当利得していることになり、利得を返還する義務を負う（703条・704条）。そしてたとえば、乙が無効だということを知らなかったときは（善意の受益者。704条の文言との対比から、703条は善意の受益者にのみ適用される——論理解釈）、乙は受け取っていた目的物を返せばよく、それが半分壊れているのなら、その残った半分を返せばよい。乙は「その利益の存する限度において」返還すればよいのである（703条）。これに対して、乙が悪意の受益者であれば、善意の受益者よりも重い義務を課される。即ち、悪意の受益者はその受けた利益を返還することはもちろん、それに利息を付して返還しなければならず、なお甲に損害があれば、その賠償をしなければならない（704条、悪意の受益者は不法行為者並みの処遇を受けるといってよいだろう）。

　以上は不当利得の返還義務に関する一般原則なのであるが、債権法改正により、以下の特則が設けられ、特則が適用される場合には特則が一般原則の適用を排除して適用されることに注意して欲しい。その特則とはこうである。即ち、無効な行為（双務有償契約たとえば売買契約を想定されたい。いったんは有効な行為であったが後に取り消され、初めから無効とみなされる行為も同じ）にもとづく債務の履行として給付を受けた者は、その者の善意悪意（給付を受けた当時、その行為が無効であることの知不知、または、その行為が取り消すことができるものであることについての知不知）を問わず、相手方に対し原状回復義務を負う（121条の2第1項—善意だからといって、その利益の存する限度で返還すればよいのではない）。

　注意すべきは、この特則には2つの例外（特則のさらなる特則）が用意されていることである。

その１は、無効な無償行為（たとえば贈与契約―549条）にもとづく債務の履行として給付を受けた者は、給付を受けた当時その行為が無効であることを知らなかったとき（つまり善意であったとき）は、その行為によって現に利益を受けている限度で返還の義務を負う。また、有効な無償行為にもとづき給付を受けた後に、その行為が取り消されて初めから無効とみなされた場合には、給付を受けた当時、その行為が取り消すことができるものであることを知らなかったとき（善意であったとき）は、その行為によって現に利益を受けている限度で返還の義務を負う（121条の2第2項）。こうした特別扱いが認められるのは、片務無償契約という多分に好意に裏打ちされた契約という特殊事情に由来するものといえよう。

　その２は、行為（たとえば売買契約）の時に意思能力を有しなかった者は（その行為は当然に無効である―3条の2）、その行為によって現に利益を受けている限度において返還の義務を負う。行為の時に制限行為能力者であった者についても同様とされる（以上につき121条の2第3項参照）。これらのルールは意思無能力者および制限行為能力者の善意悪意（行為が無効・取消し可能なことについての知不知）を問わないで適用される（同条項も善意悪意を問題にしていない）。その趣旨は意思無能力者および制限行為能力者の保護にある。

　さて、不当利得は返還請求を許されるのがむしろ当然だけれども、たとえば、芸娼妓稼業をさせる対価として貸金をした者は――その貸金契約（消費貸借契約―587条）は公序良俗違反により無効（90条）であるが――不法な原因のために給付をした者として、給付したもの（貸金、借りた者はこれを不当利得していることになる）の返還を請求しえないとされる（クリーン・ハンドの原則、判例でもある―708条本文）。しかしそうすると、法律上の原因なしに他

人の財産をとってとくをする者が出てきて、必ずしも妥当でない場合がある。そこで、問題の給付は返還請求を許されないほど不法な原因にもとづいて給付されたのではないとか、未登記建物については、未引渡しの間はまだ「給付」はされていないとみるべきだとか解することにより、返還請求を許したり（708条本文の適用をはずすのである。未給付の段階で給付請求がされたなら、契約が無効ゆえ棄却されるべきだが、給付がされてしまったあとに返還請求させるかどうかとなると観点を別にして考えるというわけである）、あるいは、不法な原因にもとづく給付が完了してしまったけれども——そして損失者・受益者ともに悪い場合でも——不法性の程度を比べて、受益者の方がその程度が高いときは、これに返還義務を負わせることにする（708条ただし書の「のみ」にはこだわらない。判例・通説である）などの工夫がこらされている。

　無効、取消しの後始末には不当利得の問題が伴うといってまずまちがいないのであり、無効、取消しと聞いたら、そこまで頭をまわして欲しい（先に「答案のつめをしっかり」として述べたところ（197頁）をも参照）。

　●**定型約款**●　　無効、取消し、不当利得についての解説の最後に定型約款を取り上げておく。債権法改正の重要新設制度の１つでもあるからである（548条の２、548条の３、548条の４の３ヶ条）。

　　読者が手元にある銀行預金通帳とか、生命保険証書とかに眼を通してみられれば、そこには細かな文字で取引の内容（契約の内容）が印刷されていることに気づくだろう。たとえば、同通帳には「この預金および通帳は、当行の承諾なしに譲渡・質入れはできません。」という条項がおかれているのが普通である。この種の条項は１個とは限らず、取引の内容により多数にのぼるのがやはり普通である。

　　この条項は特定の預金者向けのものではなく、その銀行と預金

取引するすべての顧客を相手方として想定して（つまり不特定多数の顧客を相手方として想定して）、内容も画一的に定められている。銀行は不特定多数の顧客と取引することを予定し、それがゆえに、取引の内容を画一的に定め、かつ、それを画一的文言で表現した条項という形で準備・印刷して、自行と顧客との預金取引をこの条項に依拠して律しようとする（そうすることで、銀行としては取引を迅速かつ画一的に行うことができ、そのことはコスト削減に連なり、ひいては顧客にとってもプラスとなるわけである）。

　これは約款による取引（約款取引）といわれ、現代社会では広く企業（事業者）と消費者との間の取引（消費者契約）、企業間の取引において活用されている。約款取引は便利・重宝な取引方法で、いまさら、契約締結にあたっては契約内容を契約当事者間で逐一交渉のうえ確定すべきものだなどとされたのでは、大量消費・大量取引の現代社会においては耐えがたいことで、約款取引はもはや現代社会にとって不可避・不可欠の取引方法というべきだろう。

　しかし、そうだからといって、約款取引を自由に任せておくと、相手方は一方的に定められた契約内容を押し付けられ（しかもその内容が公正でない場合も十分にありうる）、とりわけ交渉力に劣る消費者が犠牲を強いられることになりがちである。そこで――民法にはこれまで約款取引に関する条文が欠けていたことでもあるので――債権法改正を機会に、約款取引についてのミニマムのルールを条文化することに踏み切ったのであった。

　既にこれまでも、取引内容があまりに不公正な場合には約款取引（これが圧倒的に多かった）であれ、そうでない個別取引であれ、無効とされてきたのであって、今後も変わりはないだろう（たとえば、消費者契約において事業者の損害賠償責任を免除する条項の無効、同契約において消費者の利益を一方的に害する条項の無効、それぞれ消費者契約法8条・10条参照）。それはそうとして、約款取引のあり方についてのミニマムのルールくらいは設けることが民法典の国際的動向

に照らしても必要ではないか、ということで新設されたルールは以下のとおりである。

　まず、ルール自体の説明に先立ち、4つのキーワードについてみておこう。

　その1は「定型取引」で、「ある特定の者が不特定多数の者を相手方として行う取引であって、その内容の全部又は一部が画一的であることがその双方にとって合理的なもの」をいう。ここにいう「不特定多数の者」には消費者（とりわけ多いのは商品の買主である）が想定されているのであろう。その2は「定型取引合意」で、「定型取引を行うことの合意」をいう。その3は「定型約款」で、「定型取引において、契約の内容とすることを目的としてその特定の者により準備された条項の総体」をいう。その4は「定型約款準備者」で、「定型約款を準備した者」をいう。先に挙げた預金の譲渡・質入れを制限する条項についていうと、この条項を準備した者（銀行）が定型約款準備者で、条項の立案を担当した事務担当者とは別である。

　続いてルール自体の説明に移る。

　第1に、定型約款の個別の条項が契約の内容とされる（契約内容に組み入れられる）要件はこうである。即ち、定型取引合意をした者は、（ⅰ）定型約款を契約の内容とする旨の合意をしたとき、（ⅱ）そこまでの合意にはいたらなかったが、定型約款準備者があらかじめその定型約款を契約の内容とする旨を相手方に表示していたときには、定型約款の個別の条項についても合意をしたものとみなされる（548条の2第1項1号・2号）。（ⅰ）（ⅱ）いずれの場合にせよ、定型取引合意をした者（消費者が多い）は定型約款の個別の条項を読んだ覚えはなく、したがって問題の条項には拘束されないと抗弁しても認められないことになる。これこそがルール新設の大きな狙いであったともいえる。それにしても（ⅰ）の合意も（ⅱ）の表示もない場合には、相手方としては「そうした条項は見たことも読んだこともないから拘束されない」と主張できること

はもちろんのことで、定型約款準備者は立法者ではないのだから当然の帰結である。

　しかし、このままでは不当な結果が生ずることが予想されるので、個別の条項のうち、「相手方の権利を制限し、又は相手方の義務を加重する条項であって、その定型取引の態様及びその実情並びに取引上の社会通念に照らして第1条第2項に規定する基本原則（信義則―筆者注）に反して相手方の利益を一方的に害すると認められるものについては、合意をしなかったものとみなす。」という規定がおかれている（548条の2第2項）。これは強い電流に備えておかれたヒューズのような規定で、設けられて当然の規定であり、今後の判例・学説による解釈に注目したい。

　第2に、定型約款の内容の表示（開示ともいわれる）について、「定型取引を行い、又は行おうとする定型約款準備者は、定型取引合意の前又は定型取引合意の後相当の期間内に相手方から請求があった場合には、遅滞なく、相当な方法でその定型約款の内容を示さなければならない。」（548条の3第1項本文）と定め、続いて、定型約款準備者が定型取引合意の前に相手方からの請求（定型約款の内容開示の請求、同条1項参照）を拒んだ場合には、定型約款の個別の条項を契約に組み入れるとの規定（548条の2）は適用しないと定めている（548条の3第2項本文、これなどはむしろ当然のことを定めているだけであろう）。

　第3に、定型約款の変更について、次のようなルールが定められた。定型約款準備者は、（i）定型約款の変更が、相手方の一般の利益に適合するとき、または、（ii）同変更が、契約をした目的に反せず、かつ、変更の必要性、変更後の内容の相当性、この条の規定（548条の4をさす―筆者注）により定型約款の変更をすることがある旨の定めの有無およびその内容、その他の変更に係る事情に照らして合理的なものであるときには、定型約款の変更をすることにより、変更後の定型約款の条項について合意があったものとみなし、個別に相手方と合意をすることなく契約の内容を変

更することができる（548条の4第1項）。

　これを一読したかぎりでは、定型約款準備者に有利、相手方に不利の度が強いとの印象を否定できない。もっとも、定型約款準備者は定型約款の変更、変更後のその内容並びにその効力発生時期について、インターネットの利用その他の適切な方法により周知をはからねばならないとされ（同条2項）、上の（ⅱ）による定型約款の変更は、変更の効力発生時期が到来するまでに上でふれた周知をしなければその効力を生じないとされているので（同条3項）、相手方に対する一応の配慮はされてはいる。しかし、定型約款の変更（548条の4第1項によるそれ）については548条の2第2項の相手方保護規定は適用しないというルール設定（548条の4第4項）には大きな不安を覚える。これに対しては、定型約款の変更には変更の必要性、変更後の内容の相当性、合理性という枠がはめられているので（548条の4第1項2号）、その判断のよろしきを得ることで相手方の不利は阻止できるといわれるかもしれない。今後の判例・学説の動きに注目したい。おそらく、今後は定型約款の変更に対する相手方の自衛策（たとえば一部論者が言及している相手方への無理由、無賠償解除権の付与）を含む立法論が浮上することになるだろう。

●もうひとつの法人格としての法人●　　契約の主体、意思表示に関する問題についての解説は以上で終わっておきたい。ただ、一言すべきは法人である。法人も――人間（自然人）のほかに――権利能力を認められる。法人には、一定の目的のための人間の集合である社団法人と、一定の目的のために提供された財産に管理者をおいて法人とした財団法人とを区別することができる（ほかにも種々の分類は可能だが立ち入らない）。いずれにしろ法人制度の最大のメリットは、法人そのものの財産と構成員（社団法人の場合の社員、株式会社でいうと株主）または管理者（財団法人の場合）個人の財産とを分離して、法人の債権者は法人の財産だけを責任財産とな

しうるだけで（強制執行の客体としうるのはそれだけである）、構成員や
管理者個人の財産を責任財産とはしえないこと（もっとも、持分会
社の社員におけるような例外もある―会社法580条）、反対に構成員や管
理者個人の債権者はそれらの者の財産だけを責任財産としうるに
とどまり、法人の財産を責任財産としえないこと、にある。
　「法人」は財産法のミクロコスモスといわれるくらいで、そこ
では、財産法のすべての問題が登場する。だから「法人」を勉強
するのは、財産法の他の部分がひととおり済んでからにした方が
よい。民法総則の勉強に限っただけでも、せめて代理を済ませて
からにした方がよい。ここでは、これだけにとどめ、将来の講義
に譲っておこう。

●財産管理の法技術　　財団法人に近い法技術として信託がある。
　　　　　　　　　　　信託とは、たとえば、AがBに財産の所
有権を移転し、一定の目的のために、その財産の管理または処分
を委ねることをいう（信託法２条１項・３条１号）。Aを委託者、B
を受託者と呼ぶ。「一定の目的」としては、たとえば、Aの息子
が成人するまでの間の財産管理でもよいし（漱石の『こころ』の主

人公「先生」の叔父を想起せよ。その他信託の設定について、ポーシャ判決の事後措置として、シャイロックの財産の半分につきアントーニオを受託者とする信託（in use）が設定されたこと（『ベニスの商人』第4幕第1場）、モリエール『病は気から』第1幕第7場における公証人による遺言信託設定の提案を思え）、公衆の利益をはかるための財産管理（その財産を運用して育英事業を営むなど）でもよい（これらの例における「Aの息子」「公衆」を受益者という。もっとも、後者は不特定多数なわけで、法的には受益者はいないと解する立場が多数説である）。後者の信託を公益信託といい、その機能は財団法人に大変近い（旧信託法に含まれていた公益信託の規定は新しく成立した現行信託法には含まれておらず、それと別に「公益信託ニ関スル法律」（平成18年法律109号）が成立し、そこにいわば吸収された。この法律についても改正の動きがみられたところ、令和6年5月22日に「公益信託に関する法律」（令和6年法律30号）として改正された）。

　法人、権利能力なき社団（たとえば、法人になるための手続をとらないままでいる同窓会や同好会を思え）・同財団、信託、代理、授権、非権利者の処分に対する権利者の追認、委任（643条）、組合（667条）、事務管理（697条）等は、財産管理に関する法技術として一括することができる。これから勉強を進めていったときは、これらの相互対照、連関に留意して欲しいものである。

2　契約当事者の一方と第三者との争い

　これまでは主として契約当事者間の争いを念頭においてきた。これに対し以下においては、わずかの事例に限ってであるが、契約当事者の一方と第三者との争いをとりあげよう。

●**契約の無効と第三者**　　まず、虚偽表示（94条、債権法改正によっても本条に変更はなかった）の場合をとりあげよう（下図参照）。甲所有の建物について、甲乙間で通謀して、甲から乙への売却があったことにし、甲から乙へ登記が移転され、引渡しもされた。ところがその後乙は建物を丙へ売り、登記を丙に移転し、引渡しも済ませてしまった。甲は丙に対して、自分が所有権者であることを主張できるだろうか（具体的には抹消登記手続請求・引渡し請求という形で主張することが多いが、それは認められるだろうか）。甲にいわせれば、甲乙間の売買契約は無効（94条1項）だから乙は建物について無権利者→無権利者からの譲受人丙もまた同じ→よって甲の請求は認められる、というのであるが、94条2項によると、もし丙が「善意の第三者」にあたるなら、そうはいかない。もとより丙の方で、甲乙間の売買契約が虚偽表示であったことを認めてくれれば別だが（同項によれば甲から丙には対抗できない、主張できないのであって、丙が認めるのを妨げるものではな

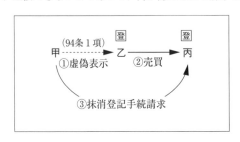

い）、そのようなお人好しの丙はまず考えられない。どうしても丙が認めてくれない場合を考えておく必要がある。ここでの「第三者」の意味も実は問題ではあるけれども、乙からの譲受人丙がそれにあたることには異論がないので、その問題には立ち入らない。なお、「善意」とは甲乙間の売買契約が虚偽表示（したがって乙は無権利者）であることを、丙が乙丙間の売買契約締結時に知らないこと（乙を権利者と信頼すること）である。

●**条文に書かれていないのになぜ**　ところで、丙が甲に勝つためには、たんに善意だけではたりず、無過失であること、さらには登記までも備えていなければならないという学説が有力であった。この学説によると、94条2項にいう善意の第三者とは、善意無過失で、かつ、登記をした第三者ということになるけれども、条文に書かれていないことをどうして主張するのだろうか。

　そこで甲丙間の実質論（利益衡量）および形式論を試みると——（ⅰ）甲はどのような事情によるにせよ、真実と異なる外観（乙が権利者かのごとき外観）を出現させるのにあずかったからには（つまり不利益を受けてもやむをえない帰責事由がある）、その外観を信頼した者丙が保護されるべきである。甲が不実の外観作出にあずかったことじたいが帰責事由となるというべきであって、それ以上に甲の事情をせんさくすべきでない（「代理人」が行為をして本人には防ぎようがない面のある110条・112条と、本人、表意者自身が「不実」の作出にかかわっている93条・94条・109条とでは、帰責事由に関して同一扱いはすべきでないように私に思える）。しかし、（ⅱ）注意すれば気がつくような場合に注意しなかった者は保護に値しないのではないか。（ⅲ）外観を信頼した者が保護される他の場合には、無過失を要するとされることとの均衡をとるべきである（表見代理—197頁、即時取得—216頁、受領権者としての外観を有する者に対する弁済—30

頁など、いわゆる表見法理の適用場面を想起せよ)。(iv)わが民法のもとでは不動産登記を信頼しても保護されないことになっている(これを不動産登記に公信力がないという。137頁参照)ので、丙(乙を権利者と信頼したが、その基礎は乙の登記であろう)を保護するにしても、要件を加重すべきである(あまりにやすく丙を保護しては、不動産登記にたやすく公信力が認められることになってしまうからである)。(v)もし丙は善意のみでたりるとすると、訴訟になったとき、丙の方で乙に登記があったことを立証し、かつ、その登記を信頼した旨主張すれば、丙の善意は事実上推定され、甲の方で悪意を立証しなければならないが、悪意(知っていたこと)を立証するのはむつかしい。そこで、丙には無過失まで必要だとして、甲をして「たとえあなた(丙)が知らなかったとしても、これこれの事情のもとで知らなかったのは過失がある」と主張・立証させることによって、立証の困難を緩和することが考えられる。以上、(i)～(v)を考慮すると、条文には書かれていないけれども、無過失を要すると解すべきだということになろう。

　かくして事件の処理にあたっては、丙の過失の有無を判断することになるが、そのさいには、帰責事由のある甲と善意の丙とのいずれを勝たせるべきかという観点から、甲丙それぞれの事情を総合的に比較衡量して(たとえば、こういう事情のもとでは甲を勝たせないと気の毒ではないかというように)答がきめられる。つまり、そのような総合的な比較衡量の結果として得られた結論(勝敗についてのそれ)を説明するために、丙に過失ありとかないとかいうのである(甲を勝たせるべきだという結論をとるときは丙に過失ありと認定し、丙を勝たせるべきだという結論をとるときは丙に過失なしと認定するわけである)。無過失を要件にすると、それをいわば隠れ蓑として、総合的な比較衡量をきめ細かく行うことができ(善意か悪意かだけ

で処理する立場ではそうはいかない)、ここに無過失を要件とする学説のメリットがある。もっとも、判例は今のところ丙の無過失を要件とはせず、おそらく今後ともこの立場を変えないだろう。判例は甲の帰責事由を重くみていると受け取れるからである。93条2項、95条4項、96条3項にも「善意の第三者」が登場するが、善意だけでよいとされる場合と無過失も必要とされる場合がある。どうしてこういう差が生ずるのか、甲に相当する者の帰責事由の重さがきめ手になっていないか、よく考えてみられたい。

　以上は「無過失」について述べた。それなら、丙が登記を済ませていることを必要とする学説がみられるのはどうしてかであるが、これについては、「解除前の第三者」について登記必要説がとられる理由があてはまるので、その箇所を参照されたい（要するに、「権利保護要件としての登記」と解するのである。138頁参照）。

　「権利保護要件としての登記」と解するとはいうものの、考えてみると、そもそも「善意」の丙が保護されるについて登記を要求すべきなのか。いろいろの都合はあったにせよ、甲は自分の都合（脱税目的など）で世の中の人々を誤らせる外観を作った以上、その甲が「善意」の丙に対して登記をしてないのが悪いなどといわせるべきでない。甲は丙に対して「不動産を買った者として登記まで備えるのがまっとうな者のすることだ」と主張するだろうが、この主張に対しては丙から「そういうあなた甲はまっとうなことをなさったのか」と反論されるだろう（他の表見法理の場合と比べて甲の帰責の度合いはより大きいというべきである）。こうみてくると、登記不要というべきである（判例の立場も同様である）。加えて、94条2項の条文上も「登記」は明示されていないことも考慮されるべきである。登記不要についての説明としてはこれでたりよう。

　善意の第三者といえば、契約の取消しの場合にも問題になるこ

とがあるけれども、もはや立ち入っている余裕がない（詐欺による取消しを想起せよ—96条3項）。ただ、虚偽表示による無効の場合にしろ詐欺による取消しの場合にしろ、「善意の第三者」が保護されるということは、不動産取引についてみれば、不動産登記の公信力が例外的にせよ認められたに似た状況を出現させることになる。判例は、（ⅰ）94条2項の類推適用により（たとえば、甲が自己所有の不動産につき勝手に乙名義の登記をしたので、乙がそれに乗じてその不動産を第三者に譲渡してしまった場合のように、通謀はないけれども、誤った外観作出に結局は甲があずかっているとき＝帰責事由があるとき、を想定せよ）、（ⅱ）場合によってはさらに110条の外観信頼保護の法意をもしんしゃくして（（ⅰ）とは事例のパターンが異なる。細かくなるのでその紹介は省略する。このパターンでも、甲の帰責事由ありといえることが前提になっている）、善意の第三者を保護しており（この（ⅱ）のパターンでは第三者の無過失を要件とする、110条の文言に制約されてのことだろう）、こういう場合に限るとはいえ、不動産登記に公信力が認められたに似た状況が出現することになるわけである。

●即時取得　　第三者が登場してくる事例としては即時取得（善意取得ともいう）が問題となる事例が多い（192条）。たとえば、甲が自己所有の時計を乙に貸しておいたところ、金策に窮した乙がその時計を甲に無断で丙に売って代金の支払を受け、現実に引き渡してしまったとする（次頁の図参照）。192条によると、丙が平穏かつ公然に占有を始め（引渡しを受け）、そのさいに善意無過失（乙が所有権者でないことを知らず、知らないことについて過失がない）であったならば、丙は即時に時計の所有権を取得し、甲は所有権を失い（丙には甲に補償をする義務はない）、乙に対し損害賠償（返還義務不履行＝履行不能によるそれ、または、後に述べる不法行為によるそれ—415条・709条）または不当利得の返還（704条）を請求する

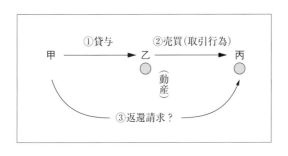

ことになる。上図②が質入であれば、丙は質権を即時取得する。

　丙が192条の要件をみたさない場合には、甲の所有権にもとづく返還請求が認められる（甲は無償で、かつ、期限なしに丙に対して返還請求しうる。もっとも、丙が時効取得すれば別である—162条・145条参照）。甲に目的物を取り返された丙は乙に対していかなる請求をしうるか。注意すべきは、丙さえ192条の要件（特に善意無過失）をみたしていれば取り返されることはなく、取り返されたのは丙みずから招いたことである。そうであれば、履行不能を招いたのは乙でなく丙だというべきであるから、丙から乙に対し、乙丙間の売買契約の履行不能による責任を問うことも無理であろう（解除については明文の規定がある—543条）。さらに、丙から乙に対し不法行為による損害賠償を請求することも（709条）やはり無理であろう。丙の損害はみずから招いたことであって、乙の行為と丙の損害との間に因果関係はないからである。また、乙は丙から代金を受領しつつ、所有権を丙に取得させえなかったので、乙は丙の犠牲において不当利得しているといわざるをえない（704条）。しかし、それも丙みずからが招いたことともいえるので、丙が乙に当然に不当利得の返還を請求しうると解すべきではあるまい。

　即時取得は前主乙（無権利者）の占有（権利者らしい外観）を信頼して取引した丙を保護する制度である（占有の公信力を認めるもの。

表見法理の適用場面のひとつである）。あるいは、即時取得制度は公信の原則という法理の適用場面のひとつであるともいわれる。先に公示の原則についてふれたが（60頁）、それと混同しないようにして欲しい。図式的に表現すると、公信の原則では、実体は不存在（無権利）→公示あり（権利の存在するがごとし）→信頼（原則として善意無過失者）保護、これに対し公示の原則では、実体は存在（権利は存在、有効な物権変動あり）→公示なし（たとえば未登記）→存在無視（悪意者でも保護される）となる。両者は出発点からして全く逆というコントラストをなしている。いってみれば前者は無から有を生ぜしめ、後者は有を無視させるのである。前者の適用の代表例は即時取得、虚偽表示における善意の第三者保護、表見代理であり、後者の適用の代表例は、二重譲渡＝対抗問題である。

　即時取得に戻って説明を続けよう。要件のうち、平穏、公然、善意は法律上推定されているし（186条1項）、無過失についてもまた同様であり（188条により乙が権利者として推定されるので、乙の占有を信頼した丙は無過失の推定を受ける）、即時取得を否定する側（甲）が丙の過失の立証責任を負うと解されている。このようにして丙は即時取得しやすいようにみえるけれども、実際には、丙に過失ありとされて即時取得を阻止される場合が多い。たとえば丙が古物商であるような場合には、その職業の性質上、高度の注意義務を課され、結果として過失ありとされる場合が多い。登録されている自動車には即時取得は適用されないというのが判例であるとか、細かいことはもはや省略して、ただ4点だけ述べておく。

　第1に、上記の設例とは異なって、乙が盗人とか甲の遺失した物を拾得した者とかである場合には、上記に述べたことと異なる扱いがされるので注意されたい（即時取得が本来なら成立する場合で

あっても、なお、甲は一定の要件のもとに、時計の回復を許される―193
条・194条)。

　第2に、この制度は192条の文言から明らかなように、丙の取
引の安全を確保する制度であり、かつ、その適用場面は動産の取
引に限られ、不動産の取引には適用されない。動産取引について
即時取得が認められるなら、不動産取引についても、不動産登記
に公信力を認めて同様の処遇をすべきだと主張することは、立法
論は別として、解釈論としては無理である。無から有を生ぜしめ
るような異例なことは、明文の規定でもないかぎり、解釈論とし
て主張するのは無理である。例外規定は厳格に解し、拡大解釈や
類推適用をするのには慎重であるべきだというのが、解釈技術の
ひとつの鉄則である。

　●立法論と解釈論との峻別●　　立法論と解釈論との区別は微妙な
　場合があるけれども、ともかく、議論をするにあたっては、この
　両者をはっきり区別する、どちらの主張として論じているのかを
　はっきりさせることが必要である。このことは願望と現実との区
　別、「あるべき」と「ある」との区別に連なっており、議論を整
　理するうえで、大変有益である。両論の価値については、いずれ
　が上とはたやすくいえない。ただ、解釈論をすべき場で立法論を
　展開したり、あるいはその逆をしたりすると、その立論の価値を
　下げることになるので、場を取り違えないことが肝心である。

　第3に、甲乙間の契約がそもそも無効の場合でも、取り消され
た場合（行為能力の制限や詐欺・強迫による取消しを想起せよ。5条2
項・96条1項）でも、丙は即時取得しうる。無効という大きなきず
をもった乙から買った丙が即時取得しうるなら（これには異論がな
い）、取消しという小さなきずしかなかった乙から買った丙は即

時取得しえてしかるべきだからである（形式論としては、取り消されれば乙は無権利者であったことになるから、ということになる）。もっとも、無効、取消しさらには解除の場合に、第三者保護の規定がおかれていて（94条2項・96条3項・545条1項ただし書）、即時取得をもち出さずとも（目的物が不動産ならもとよりこれらの規定によるしかないが）第三者が保護されるようになっている場合には、いかに目的物が動産であっても、それらの規定によるべきだと私は考えるけれども、これについては見解が分かれている。

　第4に、最初の設例における乙丙間の売買契約が乙の行為能力の制限を理由に取り消された場合には、丙が乙を無過失で行為能力者と信じていたとしても（その他、乙が所有権者であることにつき善意無過失である等の要件をみたしたとする。以下同じ）、丙は即時取得しえない。そうでないとなると、行為能力の制限を理由に契約を取り消せることになっていることがほとんど無意味となるからである。考えてみると、これは或る意味では当然といえる。たとえ乙が所有権者であろうとも、乙丙間で締結された契約に上述したような不完全な点（きず）があった場合には、丙がきずなしと無過失で信じたからといって、丙は当然には所有権を取得しえないのだから、まして、乙が所有権者でもないうえに、締結された契約にきずがあったのであれば、なおのことである。

　これを定式化していうと、即時取得は物権変動の原因となる契約（乙丙間の契約）そのものはいわば完全であって、ただ、譲渡人（乙）に所有権（処分権）がなかったという場合に限って譲受人（丙）を保護する制度であり、その契約そのものにきずがあれば適用されない制度なのである。ややラフにいうなら、制限能力制度という意思表示に関する制度は即時取得制度に優先する（民法総則が物権法に優先する）とまとめることができる。

即時取得については192条の文言からは直ちにはわかりかねる解釈が定着しているので（上記の「第4」などもそのひとつである）、将来、即時取得を勉強するにあたっては注意されたい。

3 契約関係がない人々の間の争い

　さて本書の解説の最後として、契約関係がない人々の間の争い
をとりあげよう。先にみた、契約が無効の場合の甲と丙にしろ、
即時取得の場合の甲と丙にしろ、やはり「契約関係がない人々」
には相違ないけれども、以下においては、それらにおける甲のよ
うな立場の者、つまり契約の一方当事者になっている者、が全く
登場しない場合を念頭において進んでいこう。

●**所有権にもとづく**　　　　甲の所有地の一部に乙が勝手にはいりこ
　妨害排除　　　　　　　んで建物を建てたとする。甲は乙に対し
て不法行為による損害賠償請求（709条）、不当利得の返還請求
（704条）をすることができるけれども、もっと端的に「自分の土
地だから建物を壊して退去せよ。」といえるはずだ（そしてそれと
あわせて不法行為や不当利得の訴えもできるはずである）。これが所有権
にもとづく妨害排除請求である。所有権を有する以上は、所有権
の実現を妨げる者に対しては、所有権にもとづいて——何年経て
も——その妨害を排除しえて当然である（直接の条文はない。占有権
にもとづく占有保持の訴えを認める198条の勿論解釈で、まして所有権では
妨害の存する間は時間の制限なく訴えることができると解するべきである）。
もっとも、占有保持の訴えには提起期間が定められているし
（201条1項）、それとは別に、乙の方で取得時効を完成させてしま
えば（162条・145条・144条）、乙が敷地部分の所有権を取得し、そ
のかぎりで甲は失権するので、甲は妨害排除を請求しえない。

　また、そこまでいかない間でも、甲が妨害排除を請求すること
が権利濫用にあたると認められる場合には、妨害排除請求は認め
られない（1条3項）。権利濫用禁止はいわゆる一般条項のひとつ

で、何が「権利濫用」にあたるかは裁判官の判断に委ねられており、そのために事前の予測がつけがたく、よほど慎重に対処しなければならない。たとえば、乙が既に巨額の費用を使ったからというだけで、甲の請求を権利濫用にあたるなどと考えるべきではない。反面において、問題の土地を乙が利用しているからといって甲が損害をこうむるわけでもなく、甲自身が利用するわけでもなく、その他甲にとってその土地は無価値同然なのに、ただ乙を困らせることだけを目的として妨害排除請求をするというような場合（害意が認められる場合）には、権利濫用を認めるべきであろう。甲の請求が権利濫用として排斥されたからといって（それは追い出すことまではできないというだけのことで）、乙の土地利用が正当化されたわけではないので、甲から乙に対し不当利得の返還を請求するとか（賃料相当額の支払を求める）、甲乙間で賃貸借契約を締結するとかすることになろう。

●一般条項に頼らないエレガントな解き方を●　権利濫用の禁止とか信義誠実の原則とかの一般条項をどうしても援用せざるをえない場合もあるけれども、できることなら、もっと具体的な規定を援用すること（たとえば類推適用すること）を心がけるべきである。それをしないで、もっぱら一般条項に頼るのでは——他の多くのマイナスをしばらくおくとしても——せっかく多数の規定が用意されていることが無意味になる。一般条項を用いることは、法律論（法律構成）の放棄だくらいに思わなくてはいけない（まさに放棄そのものなのである）。数学の問題を解くにしても、不器用な、ごたごたした、まるで力づくの解き方をするよりも、エレガントな解き方が推奨されるのと同様に、具体的な規定を援用したエレガントな法律論を試みるよう努めるべきである。一般条項だけで解くというのは、いかにも不器用な感じを与える。一歩譲って、一般条項を用いるにしても、「権利濫用」などと大風呂敷をひろげ

ないで、もっと抽象の度合いを下げた一般条項を用いることが望ましい（たとえば、賃貸人の解除を抑制するのに「解除権の濫用」よりも「信頼関係破壊」を用いるなど。128〜129頁参照）。

●不法行為　たとえば甲が自動車の運転を誤って、乙の店舗に突込み、乙所有の商品を壊したとする。この場合に乙は不法行為の規定（709条）により、甲に対し、損害賠償を請求することになる。不法行為については膨大な判例・学説が集積しているので、ここではほんの一斑を窺うにとどめるしかない。

　第1に、「不法行為」というからといって、悪いことだろうなどと漫然と思っているだけではたりない。民法上「不法行為」というときは、709条の要件をみたした法律関係（そういう違法行為）をさすのである。それは刑事責任とは別個の責任、民事責任を問うものである（犯罪に対する制裁、予防を目的とする刑事責任とは異なり、つまり、それらを全く考慮しないわけではないが、民事責任を、主としては、生じた損害をどのようにすれば公平にカバーできるかを問題にするのである）。不法行為が同時に刑事責任を生ぜしめることは別論である（刑事の方では甲につき故意が認定されたとすると、甲は器物損壊罪に問われうる─刑法261条・264条。また、詐欺の場合には、民法96条・709条、刑法246条が問題になる）。

　第2に、契約責任（債務不履行責任─415条）と不法行為責任との相違および関係について。契約責任は契約関係（それにもとづく債権債務関係）にある者同士の間で問題になるのに対し、不法行為責任は、（ⅰ）契約関係にある者同士の間でも、および、（ⅱ）そういう関係にない者同士の間でも問題になる。不法行為責任が一般法で、契約責任が特別法といわれることがあるのも、このため

である。

　先ほどの設例において、甲が乙から商品の警備・保存を頼まれていたとしよう。警備・保存を頼まれていた者が壊したのであるから、警備・保存契約上の債務不履行となるわけである。他方では、他人乙の所有物を壊したこと（権利侵害）によって不法行為ともなる。ここに契約責任と不法行為責任の競合が問題になる。これはいわゆる請求権競合の典型的場面である。あるいはたとえば、耳の手術をしてもらうはずなのに足を切断されたという医療過誤においても（谷崎『細雪』をみよ）、診療契約（656条）上の責任と不法行為責任が競合することになる。

　ここにおいて、被害者乙は加害者甲に対して、どちらの責任を問うていくべきかが問題になり、学説の有力説は契約関係があったからには契約責任（のみ）を問うべきだと主張するのに対して、判例・通説は、乙はいずれかの責任を選択して問うことができるという立場である。

　契約責任なら、債務不履行についての帰責事由がなかったことを加害者（債務者）側で立証しなければならないのに対し（415条1項ただし書）、不法行為責任では、不法行為についての故意過失が加害者にあったことを被害者（債権者）側で立証しなければならない（709条）。立証責任の分配、負担が逆になる。

　責任追及のための期間制限でも、両責任にはズレがみられる。契約責任についての時効期間は一般的には5年または10年（これらの期間は起算点を異にする―166条1項1号・2号）で、人の生命または身体の侵害による損害賠償請求権の時効期間については、この「10年」は「20年」とされる（167条）。これに対し不法行為責任についての時効期間は一般的には3年または20年（これらの期間が起算点を異にすることは契約責任の場合と同じ―724条1号・2号）で、人の

生命または身体を害する不法行為による損害賠償請求権の時効期間については、この「3年」が「5年」に延長される（724条の2）。

　被害者としては加害者の帰責事由、故意過失の立証がしやすいのはどちらの責任か、請求権が期間制限にかかっていないのはどちらの責任か（期間の起算点の相違に注意して判断する必要があるのは当然である）、を検討したうえで、一方の責任が期間制限にかかってしまっている場合には、まだかかっていない他方の責任を追及することになる。ちなみに、損害賠償の範囲（保護範囲）については、契約責任については416条の適用、不法行為責任については同条の類推適用というのが判例で通説でもあるし、損害額の認定について裁判官の裁量を認める民事訴訟法248条（これについては118〜119頁参照）が適用されることも両責任共通なので、これらの点では両責任の差はないことになる。

　第3に、不法行為の成立要件について。

　（ⅰ）　加害者の故意または過失による行為にもとづくこと（過失責任主義）。故意とは一定の結果を発生させる意思をもって行為をすることであり、過失とは、心理学的にはうっかりしていた、ぼんやりしていたということだが、法的な立場から言い直すと、職業、地位、経験、年齢、その他具体的事情の下において、同様の立場におかれた一般人（平均人）を基準にした場合に、結果発生を予見しえたのに予見する義務を怠ってそもそも予見しえず、または、予見はしえたが結果発生を回避する義務を怠り結果を発生させたことをいう。行政上の規則を守っていたからといって、当然に無過失とはいえない。臨機応変の措置をとらなかった場合には過失ありというべきである。過失とは要するに、客観的な注意義務（予見義務または結果回避義務）違反といえよう。そして、

判例・学説上、医師や薬品メーカー、食品メーカーのように、人間の生命・健康にかかわる職業、事業に携わる者については、とりわけ重い注意義務が課されており、ほとんど無過失責任の域にまで達している感がするくらいである。ちなみに、ある部分社会（ある業界など）においては、そこまで注意すれば免責と扱われてきているからといって、当然に「無過失」（不法行為責任を負わない）ということにはならず、このような扱いが果して、その部分社会の外の世界でも容認されうるものかどうかを慎重に吟味したうえで、過失の有無が判断されなくてはならない（なぜだろうか？）。

　故意にしろ過失にしろ、不法行為責任を発生させる点では一致しているから、やかましく区別する必要はあまりない（しかし、故意の場合には判例上、慰謝料が増額される場合が多いなどの相違はある）。故意または過失の立証責任が被害者（原告）側にあることについては先にふれた。なお、故意または過失による行為といっても、それは加害者の自己の行為であって（自己責任の原則）、他人の行為についてまで責任を負うものではない（たとえば、被用者の不法行為について使用者が責任を負うにしても、それは選任・監督を怠っていたということにもとづくもので、自己責任の枠内にある—715条）。

　（ⅱ）　他人の権利または法律上保護される利益を侵害したこと。先に挙げた例のように商品を壊すのはまさにこれにあたる（所有権の侵害）。注意すべきは、物権、債権、無体財産権等のように、実定法上はっきり「権利」として認められている利益を侵害した場合に限られないで、「……権」とは呼べないけれども、その侵害を不法行為だとして、被害者に損害賠償をとらせることによって保護するに値するだけの利益を侵害した場合も、不法行為責任を発生させうるということである。このことは709条を一読すれ

ば明らかである。

●**法律概念の相対性**● 　現代語化（平成16年）以前の709条には「法律上保護される利益」という文言はなく、権利侵害が規定されていただけであった。そういう文言を前提にして、判例・通説は「権利」侵害にこだわらないで、法律上保護されるに値する利益の侵害についても、不法行為責任が成立しうると解してきた。つまり、同条の「権利」の意味は他の条文における「権利」とは異なり（たとえば地上権—265条、抵当権—369条）、不法行為という制度の目的にかんがみて、きめられるのである。同じことばでも、条文により、法律により意味を異にすることがある。たとえば「不法行為」といっても、709条についていわれているそれと、295条2項のそれとでは、同じ意味に解する必要はないというようなものである。後者については、故意による行為に限るという考え方もある。これを法律概念の相対性という（解釈論を試みるときにも、このことを忘れないようにすべきである。注意すべきは常にそうだといっているわけではなく、相対性を考慮しなければならない場合があるということである）。

　それならば、どういう場合に、その侵害を不法行為だとして被害者に賠償をとらせるべきなのか。これについて端的にいうなら、損害賠償責任を負わせられてもやむをえないと評価されるほどの悪い行為（違法な行為）があった場合（「権利侵害」はその代表例であり、それがすべてというわけではない）ということになり、果してその場合にあたるかどうかは、被侵害利益の種類と侵害行為の態様との相関関係によってきまる（権利性が弱い利益については反社会性の強い行為態様が必要とされるというように）、と説かれるのが有力である（違法性＝相関関係説）。要するに損害賠償責任を負わせる行為のしぼり方の問題であって、これ以外のしぼり方も唱えられて

はいるけれども、本書では立ち入らない。なお、普通なら不法行為になる行為であっても、正当防衛・緊急避難としてした行為のように、特別の事情のもとでされた行為として免責される行為もある（720条）。

（ⅲ）　損害が発生し、かつ、その損害が行為の結果として発生したこと（行為と損害発生との間に因果関係があること——事実的因果関係）。不法行為制度は損害を賠償させることを目的とするのだから、損害が現実に発生していなければ適用されない。また、損害が発生しても、それが問題の行為の結果として発生したのでなければならない（709条にも「これによって生じた」とある）。近時、この因果関係（事実的因果関係）の立証責任を被害者に負担させるのでは（従来の考え方はそうであった）、産業公害の被害者を敗訴させることになって妥当でなく、因果関係の立証は蓋然性の証明でたりるとか（厳格な証明でなくてよい）、あるいは、この事実については被害者の方で、あの事実については加害者の方で、というように立証責任を分配するべきであるとか説かれるに至っている。

（ⅳ）　以上の要件がみたされても、加害者に責任能力がない場合には不法行為責任を問えない（責任能力は成立要件としてでなく免責事由ととらえた方がわかりやすい。なお94頁参照）。この要件は709条からは明らかでなく、712条（未成年者であり、かつ、責任能力がない者）、713条（精神上の障害により自己の行為の責任を弁識する能力を欠く状態にある者——これは未成年者に限らない）から窺うことができる。

　責任能力とは、問題の行為の結果、何らかの法律上の責任が生ずることを知ることができる程度の判断能力（「自己の行為の責任を弁識するに足りる知能」—712条）をいい、その存否は、行為能力とは異なり、各人につき個別具体的に判断される（取引が無数に行われることを思えば、行為能力は画一的にきめておかねば実際にあわないが、

不法行為は例外的に起きるものだから、そこまでしなくてもよいであろう）。そして、普通の人の場合には、ほぼ12歳くらいで備わると解されている（それにしても、成人が泥酔して責任無能力に陥ることはある―713条。そのただし書に注意されたい）。

この程度の判断能力を備えない者が免責されるのは、そのような者には、先にみた予見義務、結果回避義務を課する、要するに過失責任を問う、前提が欠けているというほかないからである。責任無能力者のした行為については監督義務者が責任を負う（714条）。ちなみに、責任能力のある者（責任能力のある未成年者のごとし）がした行為については、その者が責任を負うが（709条）、だからといって、監督義務者（親権者のごとし）は責任を負わないことにはならず、監督不行届の結果として問題の行為がされた場合には、監督義務者も責任を負う（709条）と解されている。

第4に、不法行為の効果について。不法行為の効果は損害賠償である。

（ⅰ）　その方法は原則として金銭の支払であり（722条1項・417条、417条の2〔中間利息の控除〕）、例外として原状回復が認められる（名誉毀損における謝罪広告―723条）。

（ⅱ）　賠償すべき損害としては、財産的損害、精神的損害（この賠償請求を慰謝料の請求という―710条）、積極的損害、消極的損害（得べかりし利益の喪失、逸出利益ともいう）などに分類される。逸出利益の計算方法、中間利息の控除については先に法定利率について解説したところを参照されたい（123頁参照）。賠償すべき損害の範囲については、判例は416条類推適用説をとるが、異説も有力である。いずれにしても、債務不履行による損害賠償について述べた、事実的因果関係―保護範囲―損害の金銭的評価というシェーマ（図式）がここにも適用され、そうしてその具体的内容を

豊かにされるべきである。

　なお、判例によれば、不法行為によって負傷した者が入院料、薬代などの治療費を支出した場合には、その者自身が加害者に対して請求しうるのはむろんのこと、これらの費用を近親の者が支出した場合には、その者も加害者に対して請求しうるとされている。それなら慰謝料はどうかというと、負傷者は加害者に請求しうるほか（710条）、判例によると、その近親の者も、負傷者があたかも殺された場合に等しいほどの精神的な苦痛を受けたときは（女児が交通事故で顔面を負傷した場合に母親が受けた精神的苦痛を考えよ）、慰謝料を請求しうるとされている（709条・710条による。殺された者の近親の者は加害者に対して当然に慰謝料を請求することを認められているのであるが、そのことの拡大といえよう―711条参照）。

　（ⅲ）　被害者に過失が認められる場合には、裁判所は、賠償額を定めるについてこれをしんしゃくすることができ（722条2項）、このことを過失相殺という。要するに、賠償額を減らさないと不公平だとみられるような態様の行為が被害者にあった場合に、問題にされる。交通事故により被害者に100万円の損害が生じた場合に、被害者にも交通規則違反があったとして、結局、加害者・被害者それぞれの過失を7対3と評価して、加害者に70万円の支払を命ずるのがその一例である。判例によると、被害者本人の過失ばかりでなく、監督義務者、被用者などの被害者側の過失も、しんしゃくされる。

　（ⅳ）　損害賠償請求権の行使等についても若干ふれておく。

　まず、不法行為による損害賠償請求権は、被害者またはその法定代理人が損害および加害者を知った時から3年の時効にかかる。また、そもそも不法行為の時から20年間行使しないときも、請求権は時効消滅してしまい、たとえその後に損害および加害者を知

ってももはや請求することを許されない（724条）。もっとも、人の生命または身体を害する不法行為による損害賠償請求権の消滅時効については、この「3年」は「5年」に延長される（724条の2）。

　次に、生命侵害の場合に、①即死か否かを問わず、死亡そのものを理由とする被害者の損害賠償請求権（得べかりし利益を死亡によって喪失したとか、精神的苦痛を死亡によって受けたごとし）は1度その者に帰属したうえで、次いで遺族に相続されるのか（遺族はこの相続した権利と、近親を殺されたことによる自分固有の損害賠償請求権とをあわせもつことになる）、②それとも、死亡によって損害賠償請求権をもつに至ったといってみても、死亡したとたんに権利能力はなくなるのだから、権利のもちようがなく、したがって、遺族へ相続させようもなく、結局、死亡によっては損害賠償請求権は発生せず、遺族はその固有の損害賠償請求権を有するだけだと解するのか問題である（②のように解するのでは、重傷を受け、間もなく死亡した場合つまり被害者が短かい間にせよ権利能力を有して、重傷によって生じた損害の賠償請求権（死亡によって生じたそれとほぼ同額）を取得した場合と即死の場合との均衡を失するのではないか、という問題が吟味されねばならない）。さらに、慰謝料請求権については、被害者の生前の意思表示を必要とするのではないかという問題もある。判例は財産的損害、慰謝料のいずれについても①の立場をとり、慰謝料請求権については当然に相続される（被害者の生前の意思表示は不要）という立場をとっている。学説としては、むしろ②をとるものが多い。

　また、判例によれば、交通事故による全損害を正確に把握しがたい状況のもとで、早急に、小額の賠償金をもって示談がされた場合には、その示談によって被害者は、示談当時予想していた損害についてのみ賠償請求権を放棄したと解されるべきであって、

その当時予想できなかった後遺症等については、被害者は後日その損害の賠償を請求することができる。これは示談契約（以後は賠償請求をしない旨とりきめる）の解釈問題であって、判例の立場は妥当な解釈というべきである。

第5に、以上においては主として709条についての解説をしてきたのであるが、「不法行為」としては別の類型のものがあることについて一言しておこう。その別の類型の不法行為を特殊の不法行為といい、これに対し709条のそれを一般の不法行為という。

特殊の不法行為の中には無過失責任を認められたものもあり（土地の工作物の所有者の責任—717条）、故意過失の立証責任を加害者（被告）が負担するとされるもの（被告の方で故意過失のないことを立証する責任を負うとされるもの）もあり（たとえば使用者責任—715条、動物の占有者等の責任—718条）、連帯責任を用意したものもあり（共同不法行為—719条）、一般の不法行為よりも責任を重くしているのである。

そればかりではない。現代の高度の技術がもたらす大きな危険、事故については、特別法によって無過失責任が定められたり（たとえば、大気汚染防止法25条1項、水質汚濁防止法19条1項、原子力損害の賠償に関する法律3条1項）、そこまでいかなくても、加害者（被告）側で故意過失がなかったことの立証責任を負担するとされたりして（自動車損害賠償保障法3条ただし書。しかも判例は加害者による立証をほとんど認めないから、実際上は無過失責任にほぼ等しくなっている。使用者責任—715条についても同様である）、被害者の保護がはかられている。

無過失責任ないしはそれに近い処理をする根拠づけとしては、危険物を管理する者はそれから生じた損害を賠償すべきだとする危険責任の法理とか、利益をあげる過程において他人に損害をこ

うむらせた場合には、その利益の中から賠償させるべきだという報償責任の法理とかが挙げられる。いずれにせよ、それぞれが説くような処理が公平だというのである（報償責任の法理はとりわけ使用者責任—715条にあてはまるけれども、利益よりも損害の方が大きいときは利益を超えては賠償しなくてよいことになり、賠償させるには危険責任の法理を援用せざるをえなくなる）。

　ともかく、加害者にしてみると、たとえ無過失でも責任を負わされることになれば、これは大きな負担であるから（つまりいかに注意をつくしても負担を免れないというのだから。もっとも、因果関係などの要件をみたす必要はあるが）、それに備えるための責任保険の制度が発達し、責任保険の契約締結が強制されている場合もある（自動車損害賠償保障法5条）。このことは被害者救済に役立つ面をもあわせもつものである。

　これをもって不法行為についての解説を終わると同時に、本書の筆をおくことにする。はしがきでも述べたように、本書の解説はほんのアウトラインでしかなく、読者が本書を一読された後、さらに自分で勉強されることを願ってやまない。

事 項 索 引

人名・書名索引

著者紹介

米倉　明（よねくら　あきら）

1959年　東京大学法学部卒業
　　　　東京大学法学部教授，早稲田大学法学部教授，愛知学院大学法科大学院
　　　　教授を経て
現　在　東京大学名誉教授
主要著書　『債権譲渡』，『譲渡担保の研究』，『譲渡担保』，
　　　　『所有権留保の研究』，『担保法の研究』，『信託法・成年後見の研究』，
　　　　『特別養子制度の研究』，『家族法の研究』，『法学・法学教育』，
　　　　『アメリカの家族』，『民法講義総則(1)』，『法学入門』，『民法の教え方』，
　　　　『民法の聴きどころ』，『法科大学院雑記帳Ⅰ・Ⅱ』，
　　　　『信託法の新展開』（編著）

プレップ民法〔第5版増補版〕　　　　　　プレップシリーズ

1986（昭和61）年 2 月28日	初版 1 刷発行／1993年 3 月30日	同19刷発行
1993（平成 5 ）年11月15日	第 2 版 1 刷発行／1997年 8 月30日	同 9 刷発行
1998（平成10）年 2 月28日	第 3 版 1 刷発行／1999年11月15日	同 4 刷発行
2000（平成12）年 3 月15日	第 3 版増補版 1 刷発行／2004年 3 月30日	同 5 刷発行
2005（平成17）年 1 月30日	第 4 版 1 刷発行／2008年 2 月15日	同 5 刷発行
2009（平成21）年 3 月30日	第 4 版増補版 1 刷発行／2016年 5 月15日	同 6 刷発行
2018（平成30）年 1 月30日	第 5 版 1 刷発行／2023年 3 月15日	同 3 刷発行
2024（令和 6 ）年 7 月30日	第 5 版増補版 1 刷発行	

著　者　米　倉　　　明

発行者　鯉　渕　友　南

発行所　株式会社　弘文堂　　　101-0062 東京都千代田区神田駿河台 1 の 7
　　　　　　　　　　　　　　　TEL 03（3294）4801　　振替 00120-6-53909
　　　　　　　　　　　　　　　https://www.koubundou.co.jp

装　丁　青　山　修　作

印　刷　港北メディアサービス

製　本　井上製本所

ISBN978-4-335-31334-9